刑事司法指南

2017 年第 4 集(总第 72 集)

主　　编：陈国庆

副 主 编：王　军　聂建华
　　　　　史卫忠　张相军
　　　　　张凤艳

执行主编：张相军

法律出版社
www.lawpress.com.cn

法律门 Access To Law | www.falvm.com.cn

《刑事司法指南》
2017 年第 4 集(总第 72 集)

目　录

【法学专论】

【实务研究】

【权利保障】

【法学专论】

论认罪认罚从宽协商程序的独立地位与保障机制*

樊崇义**

目　次

* 本文的资料收集与写作得到了北京师范大学刑事法律科学研究院孙道萃博士后的协助,特此说明。

** 樊崇义,北京师范大学"京师首席专家"、北京师范大学刑事法律科学研究院特聘教授,中国政法大学诉讼法学研究院名誉院长,教授、博士生导师。

一、问题的提出

中央全面深化改革领导小组《关于认罪认罚从宽制度改革试点方案》(2016年7月,以下简称《试点方案》)、全国人民代表大会常务委员会《关于授权最高人民法院、最高人民检察院在部分地区开展刑事案件认罪认罚从宽制度试点工作的决定》(2016年9月,以下简称《试点决定》),最高人民法院、最高人民检察院、公安部、国家安全部、司法部制定《关于在部分地区开展刑事案件认罪认罚从宽制度试点工作的办法》(2016年11月,以下简称《试点办法》)先后出台,正式确立并启动我国认罪认罚从宽制度的试点工作。

毋庸置疑的是,认罪认罚从宽制度的最显著特征是“程序从简”。根据《试点办法》的规定,认罪认罚从宽制度的试点,并无法定的专门诉讼程序。其中,第16条、第18条、第19条规定,犯罪嫌疑人、被告人认罪认罚的,分别适用刑事速裁程序、简易程序与普通程序。这意味着认罪认罚从宽制度并非一种独立的诉讼制度,更非独立的诉讼程序类型。反而,从目前试点的情况来看,认罪认罚从宽到底是独立的制度、刑事政策,还是一种精神的逻辑定位非常模糊。[1] 对此,有观点认为,与现有的规定和程序相比,应着重强调认罪认罚从宽的特质性内容,按照认罪与不认罪进行程序类型的区分;在整体设计上,应体现程序逐渐简化的规律;在具

① 参见陈卫东:《认罪认罚从宽制度试点中的几个问题》,载《国家检察官学院学报》2017年第1期。

体程序的选择和运行中，应体现繁简分离的需要。① 这虽然强调诉讼程序体系的多元性趋势，却并未明确认罪认罚从宽制度的"诉讼程序"问题，更"遗忘"了认罪认罚从宽诉讼程序是否应当独立的本源问题。有观点认为，认罪认罚并非特定的程序范畴，不具有特殊程序地位，认罪认罚可以存在于刑事诉讼任何诉讼程序当中，认罪认罚从宽案件可以适用所有类型程序便是直接依据。② 这无疑是对《试点办法》相关规定的一种"旁白"。进一步讲，认罪认罚从宽诉讼程序是否应当独立的问题，已经成为制定和推动该制度试点的一个理论短板，其性质目前只是被"程序简化"这一概括性的诉讼现象所遮蔽；而试点案件数量与试点时间的量变，会逐渐加速暴露认罪认罚从宽诉讼程序尚未独立化的弊端。鉴于此，为了正确指导试点工作，尤其是明确认罪认罚从宽制度试点结束后的制度命运与司法改革的后续安排，应对认罪认罚从宽诉讼程序是否独立进行准确定位。

二、认罪认罚从宽诉讼程序独立的理据

认罪认罚从宽诉讼程序应当独立化，是由多方面因素共同决定的，主要包括宽严相济刑事政策的程序法定化要求、"嵌用"司法模式的权宜弊端、域外认罪程序的普遍独立化规律、我国诉讼程序体系的多元层次性发展品格等。

（一）宽严相济刑事政策的程序法定需求

认罪认罚从宽制度作为一项重要的司法改革试点举措，是为了解决"案多人少"的司法难题，以提高诉讼效率。而其前提是被追诉者自愿认罪认罚，实现与不认罪认罚案件相互区分，同时体现

① 参见王戬：《认罪认罚从宽的程序性推进》，载《华东政法大学学报》2017 年第 4 期。

② 参见陈卫东、胡晴晴：《刑事速裁程序改革中的三重关系》，载《法律适用》2016 年第 10 期。

区别对待的刑事司法理念。对此,《试点方案》指出,认罪认罚从宽制度是我国宽严相济刑事政策的制度化,也是对刑事诉讼程序的创新,既包括实体上从宽处理,也包括程序上从简处理。这充分肯定了认罪认罚从宽制度的试点与宽严相济刑事政策之间的内在关系。而且,《试点决定》也再次强调,试点认罪认罚从宽制度是为了进一步落实宽严相济刑事政策。从《试点方案》与《试点决定》的精神可以看出,认罪认罚从宽制度是宽严相济刑事政策的制度化、法治化的具体载体,并体现在实体法与程序法两个方面。

与此同时,从《试点办法》的规定来看,也确实从"实体性"与"程序性"两个方面确认了认罪认罚从宽制度。不过,相比于《刑法》已经对自首、坦白等作出了规定的情况,《试点办法》更凸显对"程序性"方面的规定,重点落在"程序从简化"问题,较为详细地规定"程序简化"在各个诉讼阶段的基本要求与"底线"所在。但是,由于现行《刑事诉讼法》在2012年修改时,并未预先规定有关认罪认罚从宽制度,更未对认罪认罚案件规定专门的诉讼处理程序,这直接导致认罪认罚从宽诉讼程序是否独立成为问题,陷入"是非难断"的尴尬状态。按照《试点办法》的规定,不仅客观上导致认罪认罚从宽的诉讼程序具有"依附性"或"附属性",也严重制约认罪认罚从宽制度呈现其"专属性"与"独立性"。

有观点认为,认罪认罚从宽制度并非独立的刑事诉讼程序,而是宽严相济刑事政策制度化、规范化的产物。① 这是模棱两可的表述。既然强调认罪认罚从宽制度是一项独立的司法改革内容,就不应当忽视认罪认罚从宽诉讼程序的独立性,不宜将其单纯地看作是宽严相济刑事政策的一种体现;反而,应通过宽严相济刑事政策的程序法定化方式,通过独立的诉讼程序来固化而非折损认

---

① 参见白宇:《认罪认罚从宽制度与刑事案件分流体系构建》,载《甘肃政法学院学报》2017年第1期。

罪认罚从宽制度的试点意义。完善认罪认罚从宽制度的核心要义首先应当是程序改造,毕竟认罪认罚从宽制度最终需要通过程序法的协同配合,才能实现预期的改革目标。当前,认罪认罚从宽程序作为一个自成体系的制度系统,存在明确的诉讼体系缺失问题,导致实体与程序的“双轨”结构出现失衡的迹象;其中,如何为认罪认罚从宽制度提供科学的诉讼支撑首当其冲。否则,宽严相济刑事政策的制度化、法律化,作为认罪认罚从宽制度的试点依据,难以在程序层面作出实质性的突破,将严重折损宽严相济刑事政策的程序法定化,也不利于认罪认罚从宽制度的试点。

另外,试图将认罪认罚从宽制度规定为刑事诉讼的基本制度,也未必可以直接有效解决认罪认罚从宽诉讼程序的地位问题。有观点认为,认罪认罚从宽作为一项我国刑事诉讼的基本制度,内容涉及刑事诉讼的各方各面。建议在修改我国《刑事诉讼法》时,可以直接将其作为一项基本制度,放入第 1 章“任务和基本原则”中。具体条文可表述为:“人民法院、人民检察院和公安机关对于真诚承认犯罪、真诚接受惩罚并且积极退回赃物赃款的犯罪嫌疑人、被告人,应当依法从宽处罚。对认罪认罚从宽的案件,在程序上依法适当简化。犯罪嫌疑人、被告人罪行极其严重不具备从宽处罚条件的,以及犯罪嫌疑人、被告人是未成年人、精神病人的案件,情况复杂,不宜适用认罪认罚从宽程序的,不适用认罪认罚从宽制度。”①诚然,通过立法修正,将认罪认罚从宽制度予以基本原则化,司法改革将具有显著的固化意义,却无法直接解决认罪认罚从宽诉讼程序的独立问题。

(二)“嵌用”司法模式的权宜隐患

按照《试点办法》的规定,认罪认罚案件,根据不同的情况,分

① 参见陈光中、唐彬彬:《深化司法改革与刑事诉讼法修改的若干重点问题探讨》,载《比较法研究》2016 年第 6 期。

别适用刑事速裁程序、简易程序、普通程序。但是,“嵌用”式的诉讼程序适用模式,不仅抹杀认罪认罚从宽程序在应然层面的独立性,也背离诉讼程序的多元化趋势。

1. 与刑事速裁程序的“密而应分”关系

关于刑事速裁程序与认罪认罚从宽制度试点之间的关系,最高人民法院院长周强指出,刑事速裁程序试点,是完善刑事诉讼中认罪认罚从宽制度的先行探索。对于构建认罪认罚案件的分类处理机制、优化司法资源配置、及时实现公平正义具有重要意义。① 而且,刑事速裁程序作为认罪认罚从宽制度建构的重要内容,为完善认罪认罚从宽制度提供先行试验与参考价值。实际上,根据《试点办法》的规定,认罪认罚从宽制度明确将刑事速裁程序纳入其中,而且,认罪认罚从宽制度的程序适用在很大程度上首先依赖于刑事速裁程序。这充分表明刑事速裁程序与认罪认罚从宽制度之间的重要联系。刑事速裁程序“继续存在”于认罪认罚从宽制度的试点,进一步加深其与认罪认罚从宽制度的密切程度。

目前,关于二者的关系,更多被认可的是紧密的内在关系,主要有以下看法:(1)具体内容上的承接关系。最高人民法院、最高人民检察院、公安部、司法部《刑事案件速裁程序试点工作座谈会纪要(二)》(2015年)指出,刑事案件速裁程序试点,是完善刑事诉讼中认罪认罚从宽制度的重大举措,是构建多层次诉讼体系,实现诉讼程序与案件难易、刑罚轻重相适应的重要探索。诚然,刑事案件速裁程序可以看成是认罪认罚从宽制度的先行探索,在试点路径上二者具有承接关系。进而,可以认为,速裁程序试点是我国进一步推进认罪认罚从宽制度的经验基础。相应地,塑造刑事案

① 参见周强:《关于〈关于授权在部分地区开展刑事案件认罪认罚从宽制度试点工作的决定(草案)〉的说明——2016年8月29日在第十二届全国人民代表大会常务委员会第二十二次会议上》(2016年10月12日)。

件速裁程序独有的立法和司法品格，可以作为深化认罪认罚从宽制度改革的有效路径。(2)制度升级关系。认罪认罚从宽制度是我国在刑事案件速裁程序试点运行两年后，推出的一项新的司法改革设想，其源于刑事速裁程序，是刑事速裁程序的一个升级版，是我国在总结刑事速裁程序运行两年来的成果及不足后所作出的制度创新。[1] 这既肯定了前后相关性，也指出认罪认罚从宽制度的独特性，更值得肯定。(3)耦合关系。认罪认罚从宽制度与刑事速裁程序都体现宽严相济刑事政策与非对抗性的司法合作精神。刑事速裁程序与认罪认罚从宽制度的关系是一种耦合关系，是相互融合的关系，彼此不发生冲突与矛盾。[2] 将二者视为一个逻辑整体显然不当。

这三种看法更有道理，在强调二者关联性的同时，更应看到二者的实质差异。比如，从适用范围上，由于刑事案件速裁程序只适用于轻罪案件，不适用于重罪案件，明显与认罪认罚从宽制度可以同时适用于轻罪案件、重罪案件不同；而且，人民法院在适用速裁程序时，只是“可以”依法从宽处罚，而不是“应当”从宽处罚。因此，不能把认罪认罚从宽制度等同于刑事案件速裁程序。在逻辑上，刑事案件速裁程序属于认罪认罚从宽制度的重要表现，认罪认罚从宽制度的适用范围更广。又如，我国控辩双方关系逐渐从对抗走向合作，尤其是审前阶段的认罪认罚行为，从制度本源、解决问题的初衷、程序的本质上看，与刑事速裁程序存在较大差别；将其作为一项独立的诉讼程序，反而能够较好地协调其与简易程序，刑事和解程序、刑事速裁程序在案件类型方面的合理分流。

① 参见韩红：《认罪认罚从宽制度的内涵与边界——兼与刑事速裁程序比较》，载《学术交流》2017 年第 8 期。

② 参见陈卫东、胡晴晴：《刑事速裁程序改革中的三重关系》，载《法律适用》2016 年第 10 期。

2. 与简易程序、普通程序的实质差异

相比于刑事速裁程序与认罪认罚从宽制度的“天然亲近性”，认罪认罚从宽制度与简易程序，尤其是普通程序之间的差异较为明显。在试点期间，“套用”适用简易程序特别是普通程序，不仅消损认罪认罚从宽这一特定行为的专属性，也使“如何从宽”这一重要的末端问题，缺乏程序正义的“特殊保障”机制。

从制度设计的功能初衷看，认罪认罚从宽制度不同于简易程序、刑事和解程序、“速裁程序”，简易程序、刑事和解程序和速裁程序主要解决程序分流问题，但认罪认罚从宽制度已经超越程序本身，在更高的制度层面解决制约定罪的深层次问题。将认罪认罚从宽作为一项新的制度予以建构，有利于从司法制度的高度完善简易程序、刑事和解和速裁程序。相应地，诉讼程序的独立性基础更加牢固。同时，从“从宽”的法定性、强制性与普遍性等特点来看，认罪认罚从宽制度完全独立于其他认罪制度，不具有从宽“刚性”特征的认罪案件诉讼制度，如简易程序、刑事和解制度等，不应当属于“认罪认罚从宽制度”的范畴。

按照《试点办法》的规定，认罪认罚从宽程序与刑事速裁程序、简易程序、普通程序之间存在一种“嵌用”的司法样态关系。这客观上导致不同诉讼制度及程序之间的逻辑混同。因此，“嵌用”式模式的最大问题在于，会阻碍认罪认罚从宽制度改革的实质跃升。换言之，从认识论来看，这种模式容易使认罪认罚从宽既无法形成自己独立的制度内容，也逐渐背离制度设计的初衷，最终甚至变成一个泛化的概念。[①] 然而，尽管认罪认罚从宽与既有程序存在简单的相似和关联内容，却与现有程序设置的基础和标准不同，与现有程序之间并非一个简单的架接关系。将认罪认罚从

① 参见王戬：《认罪认罚从宽的程序性推进》，载《华东政法大学学报》2017年第4期。

宽制度作为一种理念、一种精神，或作为政策指导于各个阶段，导致试点工作陷入难以深入的局面，即尚未把认罪认罚从宽形成一种看得见、摸得着的制度和诉讼程序，只是作为一种理念和政策贯彻在诉讼中，司法改革仍达不到突破性的效应。因此，对认罪认罚从宽制度的基础定位和推进思路不明，已成为一个重大的缺陷。

（三）认罪认罚诉讼程序的独立化是世界潮流

在刑事案件日益多样化、复杂化的今天，“单一的刑事特别程序不可能成为案件审理的唯一程序，定分止争的方式和程序也不可能同一化”。[①] 因此，各国纷纷建立多层次的诉讼程序体系。与此同时，让当事人充分地参与刑事诉讼，是现代刑事司法的一种趋势。国外辩诉交易制度以及认罪协商程序、刑事和解制度的相继确立和发展，共同体现了刑事认罪协商制度的诉讼程序独立趋势。

在美国，辩诉交易制度作为一种独立的刑事诉讼程序，不仅是该制度成熟的标志，也是该制度运行良好的重要保障。就美国辩诉交易制度的繁荣与广泛对外传播来看，诉讼程序的独立配套是实现程序正义的基本前提。而且，辩诉交易程序在欧洲大陆出现“普适化”的发展趋势。1989 年，意大利在《意大利刑事诉讼法典》中首次确立意大利式的辩诉交易制度，规定五种不同类型的刑事特别程序，即相对普通程序而言的简便程序，包括简易程序、依当事人要求适用刑罚程序、快速审判程序、立即审判程序和处罚令程序。2003 年 6 月，意大利立法者为进一步实现“诉讼经济”的目的，再次扩大辩诉交易程序的适用范围。德国立法机关在 2009 年通过《德国刑事程序中的协商规定》，德国式“辩诉交易”正式成为德国法典的一部分，使实践中运行许久的非正式协商制度正式被法律所承认。2013 年 3 月，德国联邦宪法法院对协商制度合宪

① 参见陈超：《意大利刑事特别程序研究》，西南政法大学 2009 年博士学位论文，第 46 页。

性作出判决,肯定协商制度的合宪性,同时,对《德国刑事诉讼法》中的协商制度条款作出大量解释。2004 年 3 月 9 日,为克服效率低下所导致的法庭堵塞,法国立法者确立了法式辩诉交易制度,即庭前认罪答辩程序。法国庭前认罪答辩程序具有三大特征,即较狭窄的适用范围、较弱化的合意制度以及较完善的保障机制。2014 年,法国创设性地引入由司法警官主导的刑事交易制度。刑事交易制度授权司法警官在公诉启动前就公诉事项与涉案自然人及法人进行交易,是诉讼效率最大化的设计,但也最容易损及程序正义及相关当事人的权利。[①] 由此可见,域外的认罪(协商)程序,都是独立的诉讼程序,既保证认罪协商制度的独特意义,也有助于贯彻和实现程序正义。

在认罪程序普遍独立化的国际趋势下,我国的认罪认罚从宽制度作为颇具特色的制度创举,如果无法形成独立的诉讼程序,必然成为该制度的重要缺漏。

(四)我国刑事诉讼程序体系的多元层次性趋势

目前,在理论上与试点过程中,对认罪认罚从宽制度存在一定的宽泛化认识倾向,主要集中表现为以下几种情形:(1)包含性的认罪司法制度。刑事诉讼程序中体现了认罪认罚从宽制度内涵或性质的,包括简易程序、未成年人附条件不起诉制度、刑事和解制度、刑事速裁程序。单独设立特别的认罪程序,势必存在交叉、重复,不能涵盖可能适用死刑的案件,不能充分发挥认罪认罚从宽制度的优越性。[②] (2)融合性诉讼制度或非特别性程序。认罪认罚制度是建立在认罪基础上的制度延伸,适用于任何案件性质与诉

---

① 参见施鹏鹏:《警察刑事交易制度研究——法国模式及其中国化改造》,载《法学杂志》2017 年第 2 期。

② 参见陈光中、马康:《认罪认罚从宽制度若干重要问题探讨》,载《法学》2016 年第 8 期。

讼程序类型，广泛存在于刑事诉讼过程中，不是脱离刑事实体法、程序法规范而独立存在的一项诉讼制度。[①] (3)广义、狭义之分与现有认罪诉讼程序的上位制度。认罪认罚从宽程序有广义狭义之分。狭义的认罪认罚从宽程序，被认为是一种独立的程序。[②] 广义的认罪认罚从宽程序，并非一种独立、单一的程序，而是一个类型多元而成体系的程序。认罪认罚从宽诉讼制度是一种上位制度，包括酌定不起诉制度、附条件不起诉制度、简易程序、速裁程序和刑事和解程序。[③] (4)配套制度。就程序法的角度而言，认罪认罚从宽制度将"认罪认罚"案件与不认罪认罚案件分流，对于被告人认罪认罚的案件，将来可能会根据不同的案件性质，分别适用刑事诉讼法及相关司法解释规定的普通程序简化审理、简易程序以及正在试点中的刑事速裁程序。因此，认罪认罚从宽制度是刑事诉讼普通程序简化审理、简易程序、刑事速裁程序的配套制度。[④]

对于这些看法，可以大体分为两部分：一是将认罪认罚从宽制度过度限缩，使其被迫纳入广义的认罪程序，并具体地依附于我国的简易程序、和解程序与速裁程序，或者作为现有认罪诉讼程序的配套措施。这些做法尚不能充分体现和彰显认罪认罚从宽制度的本体内容及其诉讼程序的独立属性。二是将认罪认罚从宽制度过度扩大，使其包摄现有的认罪程序，或者超越简易程序、和解程序与速裁程序。尽管此举肯定认罪认罚从宽诉讼程序的独立性，却消损我国诉讼体系的多元层次性。综观这些泛化的主张，既混同

① 参见陈卫东：《认罪认罚从宽制度研究》，载《中国法学》2016 年第 2 期。

② 参见付奇艺：《认罪认罚从宽程序的体系完善与结构优化——从"以审判为中心"切入》，载《中国政法大学学报》2016 年第 6 期。

③ 参见汪海燕、付奇艺：《认罪认罚从宽制度的理论研究》，载《人民检察》2016 年第 15 期。

④ 参见魏东、李红：《认罪认罚从宽制度的检讨与完善》，载《法治研究》2017 年第 1 期。

了不同诉讼程序类型之间的逻辑关系与功能配置,也在不同程度上消损我国刑事诉讼体系应有的多元层次性特征。更重要的是,由于对认罪认罚从宽诉讼程序的地位及其独立性认识模糊不清,严重制约试点工作的开展,也在司法改革的大背景下对我国诉讼体系的多元化趋势形成负面作用。

三、认罪认罚从宽诉讼程序的逻辑定位与未来展望

关于认罪认罚从宽诉讼程序的逻辑定位,应当分为两个层次:一是在认罪认罚案件与不认罪认罚案件中,属于前者;同时,在认罪认罚案件中,不同于刑事速裁程序、简易程序、公诉案件和解程序。二是在诉讼体系多元层次化的潮流下,认罪认罚从宽诉讼程序具有独立的地位,与其他简易诉讼程序相互配合,共同促进诉讼程序体系的多元性发展。在此基础上,从发展趋势来看,认罪认罚从宽程序可以纳入轻罪诉讼体系中予以建构,推进认罪认罚从宽制度的未来升级。

(一)不认罪认罚诉讼程序与认罪认罚从宽程序的基本界分

在我国,基于对抗式诉讼理念的认同与强化,认罪协商理念长期不受重视,认罪协商程序更无从谈起。而且,通常在案件的审理过程中并未区分是否认罪认罚,而是都按照不认罪认罚案件对待,因而,不认罪诉讼程序具有单一性。为此,法律法规还设计极为烦琐且精细的诉讼程序与诉讼规则,充分强调庭审判中心与庭审实质化,以确保程序正义。然而,这种做法可能既忽视了认罪认罚的客观事实,也可能剥夺被追诉者通过自愿认罪认罚获得从宽的权利,更可能压制认罪协商机制及其诉讼程序的发展,最终导致我国诉讼程序的类型过于单一,缺乏多样性与层次性,无法根据不同案件类型作出繁简分流,无法真正实现庭审实质化,不利于提高诉讼效率。

从试点改革的意图来看,“认罪认罚从宽”将在全部案件的诉讼程序中加以贯彻。在案件范围上,除基层法院审理的案件以外,中级人民法院审理的重大刑事案件也不例外;在诉讼程序类型上,除现行的简易程序和速裁程序以外,现行的普通程序也不例外,只要被告人"认罪认罚",法院就应予以宽大处理。因此,以被告人是否认罪认罚为标准,我国的刑事诉讼活动实质上将区分为被告人不认罪案件的诉讼程序与被告人认罪案件的诉讼程序两大类型。① 而且,在追求繁简分流与提高诉讼效率的既定目标下,基于提高诉讼效率的目的,应当将犯罪嫌疑人、被告人认罪认罚的案件与犯罪嫌疑人、被告人不认罪认罚的案件加以明确的区分,并对前者设置特殊或特别的诉讼程序加以快速处理。实际上,最高人民法院通过创新设立"被告人认罪案件和不认罪案件的分流机制",不仅落实"认罪认罚从宽"的做法,也贯彻宽严相济刑事政策提出的区别对待精神。

基于此,在宽严相济刑事政策的指导下,基于区别对待的基本要求,通过区分认罪认罚案件与不认罪认罚案件,实现了繁简分流,将不认罪认罚案件推向庭审实质化,同时通过对认罪认罚案件的从宽简化处理,进一步夯实庭审实质化的基础,实现"重大要案和疑案"的精审。这正好体现我国刑事诉讼程序改革的层次性、多元性的目标导向,也显示我国混合式诉讼程序体系改革的未来动向。

(二)认罪诉讼简化程序的功能层次性

在案多人少与注重诉讼效率的背景下,诉讼程序简化的趋势日益明显,建立认罪认罚的程序处理机制,将进一步推动我国简化诉讼程序的建构与发展,有助于形成崭新的刑事诉讼格局。目前,认罪程序与不认罪程序是第一层次划分,认罪程序下简易程序、速裁程序、和解程序是第二层次划分。各个刑事诉讼程序之间有序

① 参见陈瑞华:《"认罪认罚从宽"改革的理论反思——基于刑事速裁程序运行经验的考察》,载《当代法学》2016 年第 4 期。

衔接,充分发挥诉讼程序多元化的优势,实现司法资源配置的最优化,是我国多层次刑事诉讼程序体系发展的总体面貌。[①] 应该说,以认罪诉讼简化程序为原点,我国现有的简易程序、速裁程序以及和解程序分工配合,但由于各界对认罪认罚从宽诉讼简化程序的独立性问题认识不一,《试点办法》确立的"嵌用"模式极大地削弱了认罪认罚从宽诉讼程序的自立地位,使认罪认罚从宽制度缺乏基础的程序本体内容,也不利于对认罪程序体系作出进一步的精细化区分。

从程序法的角度分析,虽然我国的刑事简易程序、刑事速裁程序以及刑事和解程序都要求以被告人认罪为前提条件,但被告人认罪只是三种程序开展的前提条件之一,而且各自适用的案件范围相对有限。对于被告人认罪认罚但不符合其他要件的案件,仍然无法启动以上程序。而且,在普通案件中,被告人认罪认罚后仍旧要接受法庭的全面审理,与英美法系国家在辩诉交易中被告人能够获得的程序性利益的辩诉交易制度有根本的不同。我国认罪认罚制度并不完全具备预期利益的明确性,在职权主义的影响下,从轻或从宽处理是国家对被告人的"恩惠",被告人并无讨价还价的余地,"协商"或"交易"恐徒有虚名。[②] 因此,即使认罪是简易程序、刑事速裁程序、和解程序的前提条件,但认罪认罚是认罪认罚从宽制度的实质内容,不完全是一般意义上认罪程序的前提条件,"认罪简化审"与认罪认罚从宽制度及其诉讼特质不能等同。否则,简易程序、速裁程序与和解程序之间的实质差异荡然无存,认罪诉讼体系的多元层次性也差强人意。

---

① 参见叶青、吴思远:《认罪认罚从宽制度的逻辑展开》,载《国家检察官学院学报》2017年第1期。

② 参见樊崇义、李思远:《认罪认罚从宽程序中的三个问题》,载《人民检察》2016年第8期。

相对于非认罪认罚从宽案件,认罪认罚从宽案件的法庭审理对象、庭审模式有新的变化,进而对诉讼程序也提出新的要求。认罪认罚从宽制度的程序保障核心是构建一个基于认罪认罚而形成的实体从宽的认定与处理程序,是一种适用于认罪认罚从宽案件的新型且正式的法庭审理程序。① 在认罪案件诉讼程序体系中,认罪认罚从宽诉讼程序有其独特性,作为一种新型的认罪诉讼程序类型,与我国刑事诉讼法中的简易程序、刑事速裁程序以及公诉案件刑事和解程序相互配合。

(三)混合式诉讼程序体系的融入与发展

最高人民法院、最高人民检察院《关于刑事案件速裁程序试点情况的中期报告》(2015 年)指出,对简单、轻微刑事案件探索专门的快速办理程序,形成普通程序、简易程序、速裁程序相互衔接的多层次、多元化诉讼体系,实现诉讼程序与案件难易、刑罚轻重相适应,符合我国司法实践需要和刑事诉讼制度发展规律。与此同时,该报告还指出,对认罪认罚案件依法从宽、从简、从快处理,形成刑事速裁程序、简易程序、普通程序有序衔接、繁简分流的多层次诉讼体系,有利于推动刑事诉讼程序的层次化改造,为完善我国刑事诉讼制度提供实践基础。② 这其实从官方层面指明了我国诉讼程序体系的混合式发展导向,而其核心特征是诉讼程序类型的多元性、层次性,基本内容是根据不同的案件类型或刑罚轻重等因素,在程序上区别对待。

但现实情况是,我国现有的诉讼程序结构不尽理想,刑事诉讼程序体系的多元化仍有不少困难。其中,最大的问题是基于认罪

① 参见左卫民:《认罪认罚何以从宽:误区与正解——反思效率优先的改革主张》,载《法学研究》2017 年第 3 期。

② 参见孙谦:《刑案认罪认罚从宽制度试点工作九大问题要注意》,载 http://www.jcrb.com/gongsupindao/FXTX/201702/t20170208_1713961.html,最后访问日期:2017 年 9 月 29 日。

(认罚)而形成的简化诉讼程序运行不畅,导致混合式诉讼体系的发展遇到了阻力。具体而言:(1)简化程序不够精细。《刑事诉讼法》确立由简易程序与普通程序组成的二元审判程序模式略显单一,尤其是简易程序适用跨度大,简化程度缺乏明显区分,难以完全适应实践需要,甚至容易因程序烦琐而造成不必要的司法资源浪费。有观点认为,在三级"递简"格局中,普通程序"繁者不繁",速裁程序"简者不简",简易程序的适用跨度过大、分化程度不够。应对简易程序进行,对可能判处3年有期徒刑以下刑罚的案件另外设立协商程序,彻底简化速裁程序并将其改造成原则上不开庭的快速处理程序,最终形成"普通程序—简易程序—协商程序—速裁程序"的四级递简格局。[①] 这种尝试使简易程序更为精细,内部的衔接更为合理。不过,在简化审程序之内建立一种递减式的诉讼程序结构可能不妥,建立一种平行式的诉讼程序结构更为合理,更能凸显不同简化审诉讼程序类型之间的功能协同关系。而且,递简式诉讼结构中未能明确认罪认罚从宽诉讼简化程序的独立地位是其明显的缺陷。(2)诉讼简化缺乏全程性。我国实际上并不存在贯穿诉讼全过程的简易程序,诉讼分流与简化主要集中在审判阶段,导致审前阶段缺乏有效的分流机制,分流效果相当有限,未能有效缓解办案机关的办案压力。为此,在刑事速裁程序的试点过程中,一些地方推行"刑拘直诉"制度,在刑事拘留期限内完成侦查终结、提起公诉和法庭审判活动,压缩审查批捕、审查起诉等程序环节,甚至带有从侦查直接进入审判程序的意味;[②]有的地方则探索"全流程简化"的刑事速裁机制,在看守所设立"速裁

① 参见魏晓娜:《完善认罪认罚从宽制度:中国语境下的关键词展开》,载《法学研究》2016年第4期。

② 参见顾顺生、刘法泽:《"刑拘直诉"方式不妥》,载《检察日报》2015年9月9日。

办公区”,推动侦查、审查起诉和审判全程简化,实现诉讼职能无缝对接。[①] 在此基础上,还有观点认为,对于嫌疑人、被告人自愿认罪的案件,应确立“诉讼程序的省略和跳跃”的改革思路。在任何诉讼阶段,都不必再经历完整的刑事诉讼程序,而直接将案件交由检察官提起公诉,法院直接开庭审理。通过较为灵活的程序设置,弱化立案、审查批捕、侦查终结、审查起诉、开庭审判等诉讼程序之间的严格界限,甚至省略或跳跃部分不必要的程序流转,实现从立案后、侦查阶段、审查起诉阶段直接进入法庭审理程序,极大省略审前的程序过程。[②] 无论是“刑拘直诉”,还是“全流程简化”,或是“诉讼程序的省略和跳跃”,都是在认罪(认罚)的基础上,意图打破流水线的司法作业方式,进一步强化程序简化的幅度。这些探索其实是对简易程序、和解程序、速裁程序的一种批判性的反思与突破,是对我国简化审程序改革的一种尝试。但由于缺乏改革依据,不足以实现“自上而下”的改革效果。相反,认罪认罚从宽制度很好地反映了这些探索的意图,也是对原有探索的超越,能弥补审前分流机制的缺失,打破简易程序的功能局限,作为独立的诉讼程序类型,有助于进一步完善简化审程序的改革。

综上所述,应当将认罪认罚从宽诉讼程序定位为独立的诉讼程序类型,而不是刑事速裁程序、简易程序、和解程序的附属物或前提条件,也不是统摄前三种认罪程序的上位制度。认罪认罚从宽诉讼程序既是认罪认罚案件诉讼程序中的一个独立部分,也是我国混合式诉讼体系中的一个独立部分。所谓混合式诉讼理念,是重新审视普通程序的单一性及其弊端后,客观地根据不同案件

---

① 参见蔡长春:《北京全流程简化刑事速裁机制成效凸显,刑事速裁案最短 3 天全程审结》,载 http://www.legaldaily.com.cn/locality/content/2016-07/26/content_6735505.htm? node=82783,最后访问日期:2017 年 10 月 9 日。

② 参见陈瑞华:《认罪认罚从宽制度的若干争议问题》,载《中国法学》2017 年第 1 期。

类型的情况，通过设置不同的诉讼程序类型，做到区别对待、繁简分流，更符合以审判为中心、庭审实质化的改革目标，真正提高诉讼效率。同时，就认罪认罚从宽诉讼程序的未来发展方向而言，可以初步将其纳入我国的轻罪诉讼体系。2017年7月11日，最高人民检察院党组书记、检察长曹建明在大检察官研讨班上强调，要深入推进认罪认罚从宽制度试点，推动构建具有中国特色的轻罪诉讼体系。[①] 所谓轻罪诉讼体系，大体而言，是从实体法中犯罪分层理论的角度出发，在区分重罪（死刑案件）、轻罪与轻微罪等层次的基础上，与轻罪（包括轻微罪）案件相适应的刑事诉讼程序体系，并与重罪案件（死刑案件）的刑事诉讼程序相呼应，是更富有发展性的刑事诉讼程序的体系类型。借此，更有利于建立体系更合理、功能更流畅的混合式诉讼体系。

四、认罪认罚从宽诉讼程序的正义保障机制

认罪认罚从宽诉讼程序作为一种独立的诉讼程序类型，有其特殊的本体内容，如认罪认罚的自愿性、控辩的量刑协商、（庭审）程序简化等。为了确保程序正义的实现，应当对自愿性审查、量刑协商的合法化与庭审方式等内容作出规范。

（一）认罪认罚的自愿性及其审查

最高人民法院院长周强指出，在推动认罪认罚从宽制度的试点过程中，应注重审前程序的规范化运行。为确保犯罪嫌疑人自愿认罪认罚，侦查机关、人民检察院应当告知犯罪嫌疑人享有的诉讼权利和认罪认罚可能导致的法律后果，听取犯罪嫌疑人及其辩护人或者值班律师的意见。人民检察院应就指控罪名及从宽处罚

① 参见王治国等：《推动构建中国特色轻罪诉讼体系》，载《检察日报》2017年7月13日，第3版。

建议等事项听取犯罪嫌疑人及其辩护人或者值班律师的意见。[①]从中可知，在认罪认罚从宽诉讼程序中，特别是在审前程序，检察机关的地位尤为凸显，扮演主导者与引导侦查的角色，直接与被追诉者进行协商，而自愿性的审查是最基本的前提。对于检察机关而言，应当对自愿性审查承担重要的审前过滤任务，确保控辩量刑协商的事实基础客观存在，避免“程序反转”现象的出现。

就人民法院而言，为了避免庭审简化最终流于形式，特别是基于审前程序中对认罪认罚的确认，控辩双方可能均不持异议的定罪和量刑问题作为审查的对象，事实上剥夺了最基本的程序权利。对于认罪认罚从宽制度的诉讼程序而言，应确立一种新的审理对象，认罪认罚的自愿性是庭审的主要对象与主要内容，也是量刑协商最终有效的保障。进言之，在认罪认罚案件的审判阶段，应建立证明被告人是否自愿认罪认罚的事实调查环节，同时专门围绕认罪认罚如何从宽处罚展开有效的辩论。调查与辩论的重点是确认被告人认罪认罚是否出于自愿，是否了解认罪认罚所带来的法律后果，并告知被告人有权撤销已经作出的认罪认罚。为了保障庭审调查与辩论的实质化与有效性，判决书应对认罪认罚情节的认定、从宽量刑的决定等主要内容进行充分陈述及说理，将相关证据材料入卷存档。

同时，在认罪认罚从宽诉讼程序中，鉴于自愿性的根本地位以及自愿性审查的重要意义，应当考虑建立专门的认罪认罚自愿性审查程序。按照《试点办法》的规定，人民法院对被告人认罪的审查环节有些过于简单，法庭难以及时发现非自愿认罪与虚假认罪等情况。为此，在涉及认罪认罚从宽案件的审理程序时，宜区分被

① 参见周强：《关于〈关于授权在部分地区开展刑事案件认罪认罚从宽制度试点工作的决定（草案）〉的说明——2016 年 8 月 29 日在第十二届全国人民代表大会常务委员会第二十二次会议上》（2016 年 10 月 12 日）。

告人认罪审查程序与量刑程序两个相对分离的阶段。前者主要审查被告人认罪的合法性，如果认为认罪不具有自愿性或者存在虚假的可能，应裁定终止程序，转为普通程序审理；否则，可以直接进入量刑从宽协商审理程序。

（二）控辩协商的本质内核及其保障

从本质来看，认罪认罚从宽是一种认罪协商的过程，是一种协商式刑事司法，亦是一种合作式刑事司法。① 因此，完善认罪认罚从宽制度的核心问题之一便是构建中国式认罪认罚从宽协商诉讼程序，理论界对此也已经有一定的共识。

从《试点办法》来看，其并未明确回答是否建立认罪认罚从宽协商机制，只是第10条、第11条等条文，对认罪认罚后被追诉者与检察机关围绕量刑从宽问题作出规定。尽管如此，控辩协商是认罪认罚从宽诉讼程序的本质内核，也是认罪认罚从宽诉讼程序应当独立运行的重要依据，是试点期间的工作重点。其中，应当明确的是，检察机关主要负责控辩之间的量刑协商事项，并在平等自愿协商的基础上发挥主导作用。法官在审判阶段依法审查并作出是否认同的裁判，通常都应当认同；否则，控辩协商机制缺乏公信力与一定的强制性。在刑事速裁程序的试点过程中，一些地方的法院主动与被告人进行协商，承诺给予自愿认罪的被告人一定幅度的量刑优惠。相对于检察官与被告人的量刑承诺而言，由法官亲自出面，与被告人进行量刑协商的做法，一般具有更大的吸引力。但是，在认罪认罚从宽诉讼程序的协商机制中，基于检察机关主导控辩协商的地位，被追诉者及其辩护律师应当与检察官进行协商，而不应直接与法官进行协商。目前，协商程序一般包括被告人认罪、检察机关提出量刑建议、法院审核等重要环节，检察机关提出量刑建议尤为重要。对于被告人自愿认罪认罚的，检察机关

① 参见胡铭：《认罪协商程序：模式、问题与底线》，载《法学》2017年第1期。

可以依据最高人民法院《关于常见犯罪的量刑指导意见》,与辩护方就量刑的相关事宜进行平等协商。

另外,鉴于量刑协商机制的重大性,为了确保程序正义,应当设计相对独立的量刑协商程序。在认罪认罚从宽案件中,被告人"认罪认罚"的,使控辩双方无须重点争论定罪问题,被告人的从宽量刑问题自然成为焦点。根据2012年《刑事诉讼法》的规定,定罪和量刑是两个相互独立的审理对象,继而,对于被告人庭前已经认罪的案件,更应当着重凸显庭审环节的独立量刑意义,推动量刑程序的相对独立化。在刑事速裁程序中,虽然可以不再进行法庭调查与辩论,但也应当就量刑的问题听取控辩双方的意见;在简易程序与普通程序中,应当允许控辩双方就量刑的证据进行质证,围绕量刑事实进行辩论。这有利于被告人对可能判处的刑罚产生更理性的心理预期,减少认罚后反悔现象的发生,同时加强控辩双方共同参与量刑从宽的协商环节,确保庭审简化不偏离合法轨道。①

(三)庭审方式应简化而不简约

在试点期间,应当防止对庭审实质化与程序简化产生认识的偏差。尽管认罪认罚从宽制度是庭审实质化的一种配套措施,原则上并不需要真正意义上的"实质庭审",但也不意味着完全与"庭审"脱离了实质联系。同时,认罪认罚从宽诉讼程序尽管以"程序简化"为基本特征,但程序简化不等于流于形式,直接采取书面审理,或者违背无罪推定原则采取"走过场"的事先预审,等等。

人民法院应当开庭审理,对重要的内容进行必要的实质审理,而不能完全流于形式。应当注意的是,在刑事速裁程序的试点过

① 参见樊崇义、李思远:《认罪认罚从宽制度的理论反思与改革前瞻》,载《华东政法大学学报》2017年第4期。

程中,法庭审理完全流于形式的现象达到了令人担忧的程度。在认罪认罚从宽制度的构建中,究竟是否需要开庭审理存在相当随意的认识,独任法官通过书面审查的方式直接对被告人宣告有罪裁判的合法性与正当性存疑。为了避免将程序简化推向极端,甚至不顾程序正义的底线,未来的认罪认罚从宽制度不仅要继续保持开庭审理的方式,而且要将法庭审理的重心放在被告人认罪认罚的自愿性上。[①]特别需要说明的是,基于认罪认罚从宽案件"嵌用"其他诉讼程序的司法模式,对于被告人认罪认罚的简易程序与普通程序,应当完善庭审质证程序,推动以交叉询问为核心的庭审质证朝实质化方向运行。[②] 此外,基于"程序简化"的前提,为了提高诉讼效率,真正实现"从宽",应当提倡当庭宣判的做法,减少被追诉者的诉讼拖累。此外,检察机关应当尝试被告人认罪与不认罪案件相区别的出庭公诉模式。对被告人认罪案件,会同法院开展程序简化审,重点是举证、质证、辩论等环节。

（责任编辑:李占州）

① 参见陈瑞华:《认罪认罚从宽制度的若干争议问题》,载《中国法学》2017年第1期。

② 参见樊崇义:《认罪认罚从宽与刑事证据的运用》,载《南海法学》2017年第1期。

刑事实体法视域中的认罪认罚从宽制度

莫洪宪　薛文超*

目　次

* 莫洪宪,武汉大学刑事法研究中心主任,教授、博士生导师;薛文超,武汉大学法学院刑法学博士研究生。

一、内在协调

(二)准确界定认罪认罚的量刑根据与不同类案的认定标准

(三)坚持《刑法》对从宽的限制作用

(四)完善轻微罪刑罚制度,实现多元化处罚

认罪认罚从宽制度试点是当前全面深化司法改革的重要内容。2016年11月至今,经全国人大常委会决定,最高人民法院、最高人民检察院、公安部等共同开展的认罪认罚从宽制度试点工作。按两年期限计,试点已完成过半期限。试点的成效、问题与未来有哪些需要调整之处,需要结合试点情况总结与检讨。2014年10月23日发布的中共中央《关于全面推进依法治国若干重大问题的决定》提出"完善刑事诉讼中认罪认罚从宽制度";2015年2月出台的最高人民法院《关于全面深化人民法院改革的意见》要求:"构建被告人认罪案件和不认罪案件的分流机制,优化配置司法资源",可见程序目标是认罪认罚从宽制度的指向。在刑事程序法中,"刑事诉讼中的认罪认罚从宽制度有一个公认的底线,即坚持刑事实体法对犯罪与刑罚的规定。"[①]认罪认罚从宽制度是兼具刑事实体法与程序法的重要改革举措。在实体法意义上,认罪认罚从宽主要与自首、坦白以及积极退赃、赔偿等量刑情节有紧密关系,同时,认罪认罚从宽制度也与刑事实体法之发展相关,因此刑事实体法的配套改革与论证应受到重视。

一、认罪认罚从宽制度与刑事实体法的关系

(一)认罪认罚从宽应遵循刑法的基本原则

全国人民代表大会常务委员会《关于授权最高人民法院、最高人民检察院在部分地区开展刑事案件认罪认罚从宽制度试点工

① 王敏远:《认罪认罚从宽制度疑难问题研究》,载《中国法学》2017年第1期。

作的决定》(2016 年 9 月 4 日,以下简称《全国人大常委会决定》)要求“试点工作应当遵循刑法、刑事诉讼法的基本原则”。最高人民法院、最高人民检察院、公安部、国家安全部、司法部《关于在部分地区开展刑事案件认罪认罚从宽制度试点工作的办法》(法〔2016〕386 号,以下简称《五部委试点办法》)与公安部办公厅《关于切实做好刑事案件认罪认罚从宽制度试点工作的通知》(公法〔2016〕1660 号,以下简称《公安部试点通知》)都强调了认罪认罚从宽制度的“宽严相济刑事政策,罪责刑相适应,证据裁判三原则”,都贯穿了刑事实体法的基本原则。

在制度渊源上,认罪认罚从宽首先是一种政策,然后才演化为制度,与坦白从宽政策、宽严相济刑事政策的关系密切。[①] 对“认罪”“认罚”“从宽”三个核心概念的界定,都要按照刑法基本原则理解。应真正理解罪责刑相适应原则,即罪刑均衡原则之均衡是非对称性的,罪刑均衡要求轻罪轻判,但并不意味着重罪必须重判。即使罪刑重大,也可能因为预防的必要性小,而科处较轻的刑罚。刑罚与责任相适应,只是意味着刑罚不得超过责任程度,而并非要求二者必然在任何场合下相适应。[②] 有观点将认罪认罚从宽实体法依据理解更宽,认为实现刑罚预防、修复社会关系、彰显宽恕精神是认罪认罚从宽的三大实体法依据。[③] 实体法的价值追求与基本原则,是认罪认罚从宽制度的目标。

(二)刑法轻罪体系的扩展与刑罚轻缓化是认罪认罚从宽的实体法背景

认罪认罚从宽制度内容可以简单概括为“程序从简、量刑从

① 参见卢建平:《刑事政策视野中的认罪认罚从宽》,载《中外法学》2017 年第 4 期。

② 参见张明楷:《责任刑与预防刑》,北京大学出版社 2015 年版,第 169 页。

③ 参见卢建平:《刑事政策视野中的认罪认罚从宽》,载《中外法学》2017 年第 4 期。

宽”,直接的认识是,认罪认罚从宽制度的核心本质是效率。[①] 从刑事速裁程序试点开始,效率这一价值之所以在刑事司法中更为彰显,与刑事实体法上犯罪圈,特别是轻罪的扩展是分不开的。历次《刑法》修正均大量增设新罪以进行相当规模的犯罪化,积极刑法立法观在我国逐渐确立,[②]逐渐改变了我国刑法典“重罪重刑”模式而进行犯罪圈的轻型化改造。[③] 还有学者在轻罪体系之外提出了“微罪”的概念,提倡区分轻罪与微罪,如对醉驾、扒窃等犯罪行为坚持认真查纠、从宽发落等。[④] 对于认罪认罚从宽制度试点的前期经验,速裁程序积累了经验。学者认为,轻罪与重罪的明确划分,体现了简易程序与普通程序的分流;轻罪与轻微犯罪的明确划分,体现了简易程序与速裁程序的分流。[⑤]

以轻罪体系扩展为特征的犯罪圈扩大,产生了两个最基本的影响:一是轻罪的增多使刑事诉讼效率亟须提升,以危险驾驶罪为代表的大量轻罪占据刑事案件相当比例,司法机关不堪重负;二是由于我国刑事犯罪定罪加定量因素的定罪没收,缺少完备的出罪机制,犯罪圈的扩大引起的负面效应增多,而处罚轻罪与重罪的价值不同,预防属性不同,因此应当建立与轻罪相契合的刑事程序,降低犯罪的负面效应。同时,认罪认罚从宽制度试点也为轻罪体系的完善提供契机,根据2017年11月1日发布的最高人民检察院《关于人民检察院全面深化司法改革情况的报告》(以下简称

---

① 参见秦宗文:《认罪认罚从宽制度的效率实质及其实现机制》,载《华东政法大学学报》2017年第4期。

② 参见周光权:《积极刑法立法观在中国的确立》,载《法学研究》2016年第4期。

③ 参见王志祥、韩雪:《我国法典的轻罪化改造》,载《苏州大学学报》(哲学社会科学版)2015年第1期。

④ 参见储槐植:《解构轻刑罪案,推出微罪概念》,载《检察日报》2011年10月13日,第3版。

⑤ 参见王永茜:《刑事案件速裁程序的刑法基础》,载《北京理工大学学报》(社会科学版)2016年第5期。

《最高检报告》)指出:“深入推进认罪认罚从宽制度试点,推动构建中国特色的轻罪诉讼体系。”北京检察机关在试点中成立了专门工作小组,设立轻罪案件专业化办案机构。

(三)实体上的量刑规则与量刑规范化是认罪认罚从宽的直接依据

最高人民法院院长周强在2017年12月23日,向全国人民代表大会常务委员会作出了最高人民法院、最高人民检察院《关于在部分地区开展刑事案件认罪认罚从宽制度试点工作情况的中期报告》(以下简称《中期报告》)。[①]《中期报告》指出:“认罪认罚从宽制度试点实体处理上体现宽严相济刑事政策,推动坦白从宽制度化。”“进行认罪认罚从宽制度试点是国家现行法律里规定的坦白从宽这项刑事政策的一种具体化、制度化、程序化、规范化的一个做法。”[②]坦白从宽这一刑事政策在刑法典中体现为《刑法修正案(八)》增设的第67条第3款。认罪认罚从宽制度与《刑法》上坦白的规定有紧密的关系,但也有不同。坦白更强调“认罪”部分,还不涉及“认罚”部分;坦白主要是审判前裁量的因素,而认罪认罚从宽设计则从侦查到起诉、审理以至于刑事执行阶段;坦白是刑事实体上的量刑情节,而认罪认罚从宽同时涉及刑事实体上更多层次的从宽处理,还涉及刑事程序上的从简,给予程序与实体上的双重优惠。但就实体而言,认罪认罚从宽最重要的刑罚减让的实体依据还是在于《刑法》上坦白这一量刑规则本身。

认罪认罚从宽制度不仅涉及单一量刑情节,还是整体上量刑规范化改革的重要内容。最高人民法院《关于常见犯罪的量刑指

① 最高人民法院院长周强2017年12月23日在第十二届全国人民代表大会常务委员会第三十一次会议上作出最高人民法院、最高人民检察院《关于在部分地区开展刑事案件认罪认罚从宽制度试点工作情况的中期报告》。

② 全国人大常委会办公厅2016年9月3日新闻发布会,最高人民检察院法律政策研究室主任万春的讲话。

导意见》(法发〔2017〕7号)指出:“要结合审判实际,主动对接以审判为中心的刑事诉讼制度改革、认罪认罚从宽制度改革和刑事速裁程序改革,建立完善量刑规范化长效工作机制,促进量刑规范化工作制度化、常态化。”关于认罪认罚是否应成为独立量刑情节以及与现有坦白、自首、立功等量刑情节的适用问题,首先,涉及量刑情节的规范确认,“一个案件有无量刑情节、有几个量刑情节、每个量刑情节的功能怎样,直接影响该案件的最终量刑结论。规范地识别量刑情节,要树立根据一定的评价标准及与标准之间的关联性来进行量刑情节的识别和判断的意识。”[①]犯罪嫌疑人、被告人的合作客观表现是认罪认罚的体现,需要规范识别。其次,认罪认罚涉及量刑规范化中不同量刑情节的减让幅度问题,需要在现有量刑规范化制度中进一步科学安置量刑尺度。最后,认罪认罚制度使检察机关量刑建议成为具备刚性的量刑制度,“对于认罪认罚案件,人民法院作出判决时,一般应当采纳人民检察院指控的罪名和量刑建议”的要求,[②]对检察机关量刑建议的规范性提出要求。

(四)认罪认罚从宽制度须兼顾惩治犯罪与保障人权的实体目标

刑事程序上的改革从来都不止影响刑事程序,还最终影响刑事实体权利。刑事速裁程序与认罪认罚从宽制度,初衷在于刑事诉讼效率的提升,但改革举措会深刻影响刑事实体上的犯罪体系、刑罚裁量乃至对罪与罚关系的实质认识。认罪认罚从宽需要同时兼顾实体法上惩治犯罪与保障人权的双重目标。首先,认罪认罚

---

① 王瑞君:《如何规范识别量刑情节——以实务中量刑情节的泛化与功利化为背景》,载《政治与法律》2014年第9期。

② 最高人民法院院长周强2016年8月29日在第十二届全国人民代表大会常务委员会第二十二次会议上作出《关于授权在部分地区开展刑事案件认罪认罚从宽制度试点工作的决定(草案)》的说明。

从宽制度之所以带来“中国式辩诉交易”的舆论争议，就在于对其可能消减惩治犯罪目的的担忧。基于对诉讼效率的追求鼓励认罪认罚而带来的量刑减让，特别是认罪认罚制度在适用范围上不限于轻罪，而是全部犯罪。认罪认罚的认定标准与从宽幅度上不能与实体法相冲突，以损害《刑法》之于社会的预防功能。其次，《刑法》是保障犯罪人权利的宪章，以量刑减让鼓励认罪认罚，并实际降低对犯罪证明上的要求，是否会带来诱惑认罪、虚假自白，都是现实中可能发生的问题。

二、认罪认罚从宽制度试点中的实体法疑难

（一）认罪认罚的量刑根据与认定疑难

认罪认罚作为影响量刑的事实，何以从宽，是量刑根据的问题。量刑在学理上有“法定刑—责任刑—预防刑—宣告刑”之选择阶段。认罪认罚作为量刑情节，主要是作为影响预防刑而得以从宽，但同时也有影响责任刑的一面。

首先，认罪认罚是一种犯罪后的态度，体现个案的预防要求。犯罪后的态度包括自首、立功、坦白；反省、悔罪、赔礼道歉；积极退赃、赔偿损失与挽回损失；隐瞒事实、毁灭证据与负案潜逃。犯罪后态度可以增加预防刑，也可能减少预防刑，必须围绕特殊预防的目的判断犯罪后的态度。[①]

其次，认罪认罚也影响责任刑。张明楷教授认为，认罪认罚不影响责任刑，只影响预防刑的情节。[②] 对这一观点笔者并不认同。第一，认罪认罚所带来的刑罚效果是“从宽处理”而非刑法典的“从宽处罚”，包括相对不起诉、免于刑事处罚、撤案等，也即形成的“有罪不罚”，这与责任刑的报应刑具有关系。绝对的报应刑论，也即积极的责任主义主张有罪必罚。而消极的责任主义从预

① 参见张明楷：《责任刑与预防刑》，北京大学出版社2015年版，第350～361页。

② 参见张明楷：《责任刑与预防刑》，北京大学出版社2015年版，第350～361页。

防刑角度认为有罪不罚是符合刑罚目的的,应兼顾预防犯罪之需要。但是,认罪认罚的效果影响责任刑,也反向要求认罪认罚不可过限。第二,影响责任刑的情节包括疑罪、被害人的被害感情等因素。认罪认罚从宽制度必然包含的证明标准降低,实际上是考量了轻罪案件中证据的烦琐与困难;对司法效率的追求可以通过鼓励认罪来减少举证不能。从宽的效果也类似于"罪疑从轻",也即认定犯罪的标准及事实存疑采取有利于被告的解释,以使其获得从轻判罚。第三,对被告人认罪认罚后采取从宽的处理,从实体上是因为其符合《刑法》犯罪构成中主观方面认定主观恶性较小的情况,[①]认罪认罚的主观恶性体现了责任程度。

最后,认罪认罚是一种司法上的刑事政策。自首、坦白、立功这三个法定从宽处罚的情节,既是减少预防刑的情节,也有刑事政策的理由。发展到认罪认罚制度,更加规范地界定了认罪认罚情节。以上制度都不同程度地减轻了司法机关的负担,节省了司法资源,作为对被告人的奖励,对其从轻或减轻处罚。因此鼓励认罪认罚具有刑事政策上的理由。

但是,无论是作为影响预防刑、责任刑抑或刑事政策的情节,把握认罪认罚情节的认定标准以保证体现从宽的真正目的,在很多情况下是存在疑问的。需要把握不同类型案件认罪认罚的认定。

其一,重罪的认罪认罚从宽与轻罪不同,影响预防刑的尺度存在疑问。刑事速裁程序试点的适用范围限定在可能判处1年有期徒刑以下刑罚的特定轻微刑事案件,一定程度上限制了其制度功效。虽然,试点的工作重点放在判处3年有期徒刑以下刑罚的案

---

① 参见樊崇义、李思远:《认罪认罚从宽程序中的三个问题》,载《人民检察》2016年第8期。

件以及民间矛盾激化引发的案件上,[①]但是在实践中,与刑事速裁程序相比,认罪认罚从宽制度适用罪名更宽,实际上却并无罪名上的限定。毒品犯罪等一般认为重刑偏多的犯罪在试点地区也较多适用认罪认罚从宽。根据周强院长的《中期报告》,截至2017年11月底,18个试点地区共确定试点法院、检察院各281个,适用认罪认罚从宽制度审结刑事案件91 121件103 496人,占试点法院同期审结刑事案件的45%,对接近一半的刑事案件认定认罪认罚,其中包括的非轻罪案件。认罪认罚是否真正能够体现预防要求,值得研究。

其二,认罪认罚的真实性、自愿性问题值得充分重视,对从宽处理的追求可能使认罪认罚真实性、自愿性降低。第一,认罪认罚的自愿性影响预防刑,对"花钱买刑""防止被迫认罪""替人顶罪"等弊端的担忧体现了这一点。[②] 认罪认罚从宽制度的本质是被告人与司法机关在案件处理结果上进行协商,一旦达成协议,对司法机关而言,可以提高诉讼效率,对被告人而言,在量刑上可以实现从宽的效果,从而实现"双赢"的结果。但要实现这一结果,关键的前提条件是如何保证被告人认罪认罚的"自愿性"。[③] 第二,认罪认罚的真实性还影响责任刑。从宽的"诱惑"在一些案件中容易导致"疑罪从有"或者放弃定罪事实的真实性追求。特别是"一对一"类型案件或者部分案件事实不清案件的处理。对行

① 最高人民法院院长周强2017年12月23日在第十二届全国人民代表大会常务委员会第三十一次会议上作出最高人民法院、最高人民检察院《关于在部分地区开展刑事案件认罪认罚从宽制度试点工作情况的中期报告》。

② 参见最高人民法院院长周强2016年8月29日在第十二届全国人民代表大会常务委员会第二十二次会议上作出《关于授权在部分地区开展刑事案件认罪认罚从宽制度试点工作的决定(草案)》的说明;2017年12月23日最高人民法院、最高人民检察院《关于在部分地区开展刑事案件认罪认罚从宽制度试点工作情况的中期报告》。

③ 王恩海:《认罪认罚从宽制度试点应慎重》,载《上海法治报》2017年2月23日。

贿、受贿等实践中长期存在的供证单一化问题,认罪认罚从宽导致的量刑交易,会导致存在据以定罪的法律事实并非客观事实的结果,违反责任原则。根据《中期报告》,认罪认罚从宽案件中检察机关建议适用的占98.4%,这就意味着适用本程序的案件的主导力量在诉前。而且"试点期间,对于犯罪嫌疑人或者被告人自愿如实供述罪刑的,不再机械坚持'证据确实充分'的证明标准。"①以认罪认罚作为指供诱供的吸引力存在,可能深刻地影响审判结果。

(二)从宽作为量刑承诺的实效性与界限

首先,认罪认罚从宽之效果从宽处理,应当真正得到贯彻,以真正鼓励认罪认罚。实际上,认罪认罚从宽存在的时间悖论问题是:法律鼓励的认罪认罚在相当案件中效果并非从宽,而是"坦白从宽,牢底坐穿"式的担忧。刑事实体法规定自首可以获得从轻、减轻、免除处罚,但有一个前提是"如实供述司法机关还未掌握的本人其他罪行",使"如实供述"产生的减轻处罚的情形十分有限。在侦查机关并未真正掌握案件的关键证据或相关线索的情况下,犯罪嫌疑人的供述以及交代相关证据线索,不应一律被视为普通的坦白而只能获得优先的量刑折扣,以至于减弱真实、自愿供述对其的吸引力;而且应考虑不同案件的侦查难度。②《中期报告》指出,试点中认罪认罚案件犯罪嫌疑人、被告人被取保候审、监视居住的占42.2%,不起诉处理的占4.5%,免予刑事处罚的占0.3%;判处3年有期徒刑以下刑罚的占96.2%,其中判处有期徒刑缓刑、拘役缓刑的占33.6%,判处管制、单处附加刑的占2.7%,非羁

① 参见最高人民法院院长周强2016年8月29日在第十二届全国人民代表大会常务委员会第二十二次会议上作出《关于授权在部分地区开展刑事案件认罪认罚从宽制度试点工作的决定(草案)》的说明。

② 参见王敏远:《认罪认罚从宽制度疑难问题研究》,载《中国法学》2017年第1期。

押强制措施和非监禁刑适用比例进一步提高。以上数据表明,自试点以来,从实体处理到程序适用,均更好地体现了坦白从宽、宽严相济的刑事政策。“处罚从宽这一实体权利供给不足的问题是认罪认罚从宽制度改革的一大忧心之处。”①由于《刑法》所规定的法定刑过于固定,因此“从轻”的幅度可能不足。在侦查中,认罪认罚的证据价值与从轻量刑不成比例,缺少足够“吸引力”;对于可能判处无期徒刑等重刑的情形,囿于从轻幅度小,拒不供述导致难以破案的情形实际是“放纵”犯罪。② 有效落实对被追诉人的实体权利供给,即给予其从宽处罚的优待,应当成为完善认罪认罚从宽制度的首要目标。“从宽”是认罪认罚从宽制度的核心关键词。程序的效率化只是这一核心的附随效果与从属性目标。

其次,从宽处理的效果应当具有限定性,不能突破实体法的量刑界限。《五部委试点办法》中最大的疑问来自于其第 9 条规定的撤案程序以及第 13 条规定的对涉嫌数罪案件的一项或多项提起公诉权,或选择性不起诉权。③ 这明显与《刑法》的罪刑法定原则不符,也不符合认罪认罚从宽应原则只限于量刑不涉及罪名协商的精神。也可能基于此,《公安部试点通知》强调,“《办法》第九条关于撤销案件的规定仅适用于涉及国家主权、安全、国防、外交等国家重大利益的极少数情况,不得就一般案件报请公安部启动

① 左卫民:《认罪认罚何以从宽:误区与正解——反思效率优先的改革主张》,载《法学研究》2017 年第 3 期。

② 参见王敏远:《认罪认罚从宽制度疑难问题研究》,载《中国法学》2017 年第 1 期。

③ 该办法第 9 条规定:“犯罪嫌疑人自愿如实供述涉嫌犯罪的事实,有重大立功或者案件涉及国家重大利益,需要撤销案件的,办理案件的公安机关应当层报公安部,由公安部提请最高人民检察院批准。”第 13 条规定:“犯罪嫌疑人自愿如实供述涉嫌犯罪的事实,有重大立功或者案件涉及国家重大利益的,经最高人民检察院批准,人民检察院可以作出不起诉决定,也可以对涉嫌数罪中的一项或者多项提起公诉。具有法律规定不起诉情形的,依照法律规定办理。”

撤销程序”。这一规定限制了撤案程序的适用范围。但是,这一改革对两项权力的赋权是缺少实体法与程序法授权的,而且选择性不起诉权更为常态化,值得质疑。

(三)认罪认罚与其他量刑情节规范化适用的难题

认罪认罚从宽制度的实体法方面内容,包括《刑法》第13条的“但书”规定;自首、立功的规定;减刑、假释的规定;《刑法》第383条贪污罪条款、第390条行贿罪条款等。将认罪认罚从宽制度不仅包括量刑,还包括出罪、刑罚执行等制度内容。[①] 而认罪认罚从宽的量刑规范化不足,多个量刑情节并存时的规范化适用问题是司法实践中的一大问题。具体包括,具有认罪认罚从轻情节又有从重处罚情节的,如何规范量刑;具有认罪认罚情节,同时具有其他减轻从轻情节的,如何处理。这类量刑情节包括从犯、立功、初犯偶犯、坦白、退赃、赔偿损失、特情引诱、累犯、毒品再犯等法定与酌定情节。首先,要理解认罪认罚从宽与这些情节的关系界定。对于《刑法》中的自首、坦白与认罪认罚的关系,根据《五部委试点办法》第22条,认罪认罚从宽之“从宽”一般理解为从轻处罚;如果有减轻处罚情节的,可以减轻处罚,甚至可以撤案。自首和坦白均要求如实供述自己的罪行属于“认罪”的范畴。相比较自首、坦白,认罪认罚从宽制度加重了犯罪嫌疑人的义务,但从法律后果上看又轻于自首、坦白。其次,对于认罚,也不能与赔偿被害人经济损失简单等同起来,或将“从宽”绝对化、简单化,对案件具体情节区分不够。[②]

实践中,对于存在包括认罪认罚等多个量刑情节在内的案件

---

① 谭世贵:《实体法与程序法双重视角下的认罪认罚从宽制度研究》,载《法学杂志》2016年第8期。

② 最高人民法院院长周强2017年12月23日在第十二届全国人民代表大会常务委员会第三十一次会议上作出最高人民法院、最高人民检察院《关于在部分地区开展刑事案件认罪认罚从宽制度试点工作情况的中期报告》。

量刑标准较不统一。根据最高人民法院《关于处理自首和立功具体应用法律若干问题的解释》第7条的规定，有检举、揭发他人重大犯罪行为，经查证属实，应当认定有重大立功表现；其中的"重大犯罪"一般是指犯罪嫌疑人可以判处无期徒刑以上刑罚或者案件在本省、自治区、直辖市或者全国范围内有较大影响等情形。毒品犯罪案件中，"重大立功"认罪认罚是经常情节。但是在多个量刑情节并存的案件中，存在从宽幅度较低的问题：较多从轻，而实务中很少适用"减轻、免除"。例如，"被告人李某1提供重要线索并协助公安机关将可能被判处无期徒刑以上刑罚的犯罪嫌疑人钟某抓获，具有重大立功表现，依法予以从轻处罚；被告人李某1如实供述自己的罪行，认罪认罚，依法予以从轻处罚。辩护人关于被告人李某1系初犯偶犯、具有重大立功情节、如实供述自己的罪行的辩护意见有理，本院予以采纳……判处有期徒刑十个月。"①同时，规范量刑情节适用的问题也是前文导致结果上很少适用减轻、免除处罚进而缺少真正有效从宽处理的重要方面。

三、认罪认罚从宽制度改革完善的实体法路径

（一）认罪认罚从宽要在实体法与程序法规范上术语统一、内在协调

我国2/3比例的刑事案件当事人都是认罪的，对于这种被告人认罪的案件，审理程序不宜太过复杂和拖延。同时刑罚轻缓化逐渐成为法治文明的发展现实。认罪认罚从宽制度不仅在程序上从简，还会在实体量刑上从宽。对认罪认罚的刑事案件犯罪嫌疑人、被告人"从轻发落"，可能会与社会大众朴素的刑法观念相冲突。随着人类文明的发展，现代法治国家已逐渐摒弃单纯的刑罚报应观、重刑主义，转而彰显司法的公正与人道主义。是否适用刑

① 参见广东省广州市荔湾区人民法院李某1贩卖毒品案（2017）粤0103刑初725号刑事判决书。

罚、适用怎样的刑罚、是否从宽适用刑罚，主要考虑的是如何有效矫正、控制和预防犯罪。认罪认罚从宽制度有利于调动犯罪嫌疑人、被告人主动认罪认罚的积极性，促进和解，既能够体现对犯罪嫌疑人、被告人权益的充分尊重，彰显刑事诉讼的人文关怀，又能及时修复社会关系，减少社会对立，使犯罪人员早日回归社会。因此，认罪认罚从宽制度是值得期待的改革举措，而且是兼具程序与实体价值的改革。因此在试点后应当尽快统一两类法典的术语表达，以消除质疑。

（二）准确界定认罪认罚的量刑根据与不同类案的认定标准

认罪认罚从宽制度试点的重要疑问是"认罪"与"认罚"的界定问题。对此情节的认定，应从刑罚根据处罚，把握具体情况是预防刑抑或责任刑的范围，进而考虑如何规范识别。对特定类型案件认定认罪认罚把握应有相应的标准。最重要的立场是，认罪认罚从宽所确定的"认罪"是对案件事实的认可，而非法律评价的全部认可；"认罚"是对协商后的刑罚的认可，而非无底限地放弃抗辩权与上诉权。如实供述的真实性和完整性，是认罪成立的充分必要条件，犯罪嫌疑人、被告人对案件非关键细节存有异议，对行为性质的辩解，包括在如实供述基础上的无罪辩解，都不影响认罪的成立。[①] 要准确把握"认罪"，即犯罪嫌疑人自愿如实供述自己的罪行，对指控的犯罪事实没有异议。承认指控的主要犯罪事实，仅对个别细节提出异议，或者对犯罪事实没有异议，仅对适用的罪名提出异议的，都不影响"如实供述"的认定。要认真甄别犯罪嫌疑人是否真正"认罚"，对于只"认罪"不"认罚"，或者表面上"认罚"，背地里串供、毁灭证据、隐匿转移财产或者拒绝赔偿损失的，不能适用认罪认罚从宽制度。

① 参见黄京平：《认罪认罚从宽制度的若干实体法问题》，载《中国法学》2017年第5期。

不同类型案件的认罪认罚标准不同,典型的例如,第一,对于存在举证责任转换的刑事案件类型,被告人承担证明自己无罪的举证责任,是否属于不认罚?如巨额财产来源不明罪对检方查证到的无法证明来源的巨额财产,由于本罪的特殊性,赋予被告人举证财产合法性来源的责任,因此其对财产合法性来源的举证,不能理解为不认罪。第二,共同犯罪中的认罪认罚问题,对于部分认罪部分不认罪的,也应当允许适用认罪认罚从宽。第三,对于实践中存在的"一对一"证据类型的犯罪案件,应当谨慎把握认罪的证据锁链,确保法律事实与客观事实相符,坚持案件事实真相优先。

(三)坚持《刑法》对从宽的限制作用

从宽是认罪认罚从宽的核心问题。现有认罪认罚从宽处理的幅度包括并不限于《刑法》规定的从轻、减轻、免除处罚,还包括程序上的撤案以及数罪的选择不起诉。英国的认罪协商制度坚持四个原则,即案件事实真相优先原则、被控诉人基本权利最低限度保障原则、认罪行为与从宽处置之合比例原则、协商之外部负面性最小化原则。[①] 其原则暗含了对实体法上权利保障与实体法原则的坚持。陈瑞华教授认为,要想在认罪认罚从宽制度中引入健康正常的控辩协商制度,三个边界不能突破:第一,罪数不能协商;第二,严禁重罪改轻罪,即罪名不能协商;第三,禁止量刑无边界,"控辩协商"制度只能在"从轻"的量刑幅度内进行,不能突破法定最低刑。因为被告人认罪认罚只能是一个酌定从轻情节,不是减轻处罚情节。有被害人的案件,必须"认罪、认罚并且认赔"才能从宽。[②] 我国《刑事诉讼法》奉行实质真实的原则,要求被告人认

① 裴炜:《英国认罪协商制度及对我国的启示》,载《比较法研究》2017 年第6 期。

② 陈瑞华:《认罪认罚从宽制度实质上区别于美国的辩诉交易制度》,载法制网:http://www.legaldaily.com.cn/fxjy/content/2016-09/02/content_6790419.htm?node=70948,最后访问日期:2016 年 9 月 2 日。

罪的情况下，案件要达到事实清楚，证据确实、充分的程度，法院才能作出有罪判决；并且我国《刑法》奉行罪行法定和罪责刑相适应的基本原则，在定罪上确立了严格的犯罪构成要件，而在量刑上也确立了明确的量刑种类和量刑幅度制度，法院在从轻、减刑或免除刑罚方面不具有较大的自由裁量权，这也使控辩双方在量刑上不具有较大的协商余地和妥协空间。现行试点的方案在撤案、数罪选择不起诉存在合法性疑问。量刑情节规范适用上，即使要突出从宽的实效性，也应在刑法典规定内完成。

（四）完善轻微罪刑罚制度，实现多元化处罚

轻微罪犯罪圈的扩大是认罪认罚从宽制度的实体法背景。有观点认为，微罪刑事政策的法律载体模式要求处罚的二元化，包括刑法典与微罪单行刑法两种形式。而微罪的制裁模式应脱离目前以行政制裁为主的制裁模式，进而建构起以刑事司法为基础的微罪制裁体系。① 但即使不改变规范的立法模式，也要进一步丰富多元化处罚机制。既然从宽处理是核心，那么实体上处罚的类型能够满足认罪认罚的效果也是重要的配套实体法规定。

刑法典规定了十种"可以"免于刑事处罚以及六种"应当"免除刑事处罚的情形。我国司法解释规定了对于未成年人实施的轻微犯罪、情节轻微的抢夺犯罪，此外还存在法官自由裁量适用免除行政处罚的情形。相比《刑法》第63条第2款规定对不具有法定减轻处罚情节而又需要减轻处罚的，只有经最高人民法院核准才可以减轻处罚，免予刑事处罚这种更为优待的处遇受到更少的限制。从宽的限度应当进一步扩大免于刑事处罚的范围。非刑罚处罚方法是依法对实施微罪而被免于刑事处罚的犯罪人适用的刑罚以外的实体处罚，包括《刑法》第37条规定的训诫、具结悔过、赔礼道歉、赔偿损失和建议予以行政处罚或行政处分。司法实践中，

① 参见姜瀛：《劳教废止后微罪刑事政策前瞻》，载《学术交流》2015年第11期。

非刑罚处罚方法运行效率长期低下，立法上有必要增设非刑罚处罚方法与种类，实现刑事制裁方法的多元化和轻缓化。有必要增设新型非刑罚处罚方法，包括责令补救、劳动赔偿、社会公益劳动以及针对未成年人的司法警告、家庭监禁、管教协助、保护观察等。①

（责任编辑：李占州）

① 参见钱叶六：《应对微罪之非刑罚处罚方法探究》，载《南京财经大学学报》2009年第6期。

【实务研究】

检察机关开展刑事案件认罪认罚从宽制度实践研究

张相军　曹红虹　李占州*

目　次

* 张相军,最高人民检察院公诉厅副厅长,法学博士;曹红虹,最高人民检察院公诉厅起诉一处处长;李占州,最高人民检察院公诉厅四级高级检察官,法学博士后。

（二）适用案件类型和罪名相对有限，不起诉适用较少，认罪认罚的从宽效果有待进一步落实

（三）认罪认罚从宽制度的程序运行机制还不完善

（四）认罪认罚自愿性保障机制尚不够健全

（五）量刑从宽幅度有待细化规范，量刑建议精准度不易把握

（六）内部配套措施尚未跟上，办案程序较为烦琐，影响办案效率

（七）外部衔接不够顺畅，影响了认罪认罚从宽制度的适用

三、最高人民检察院下一步工作措施和建议

（一）进一步加强领导、统一认识，提高试点积极性

（二）进一步完善认罪认罚自愿性保障机制，保障犯罪嫌疑人合法权益

（三）进一步提高量刑建议精准化水平

（四）进一步完善内部配套机制，提高办案效率

（五）进一步加强外部沟通协作，推动值班律师制度落实落地

（六）进一步加强协作配合和监督制约，确保试点成效

完善认罪认罚从宽制度，是中央部署的重大改革任务。最高人民检察院会同最高人民法院、公安部、司法部、国家安全部出台了《关于在部分地区开展刑事案件认罪认罚从宽制度试点工作的办法》（以下简称《试点办法》），指导试点地区检察机关深入推进改革试点工作。指导试点地区 18 个城市检察机关如何准确理解中央改革精神，如何准确理解“认罪认罚”内涵，如何在工作制度上保障试点工作的顺利开展是最高人民检察院公诉厅的重要任务。鉴于此，我们在组织试点地区进行书面调研的基础上，分别赴

辽宁、浙江、河南、湖南、天津、山东、广东等地进行了实地督导和调研，切实对试点工作提出科学高效的工作指导意见，确保试点工作顺利开展。

一、试点工作情况

试点工作启动以来，在试点地区党委统一领导下，在政法各单位共同努力下，认罪认罚从宽制度试点在检察机关平稳有序推进。截至2017年11月底，北京等18个试点城市共计281个检察院开展试点工作，检察机关办理的认罪认罚案件92 173件104 221人，占同期办理刑事案件总数的41.57%。从涵盖罪名来看，与刑事速裁程序试点工作相比，认罪认罚从宽制度适用罪名已扩展至70多个罪名。检察机关建议适用的占98.4%。检察机关在认罪认罚从宽制度适用中发挥的主体作用日益明显。从审理程序来看，适用速裁程序的占比68.5%；适用简易程序的占比24.9%；适用普通程序的占比6.6%，繁简分流的多层次诉讼体系基本形成。从审判结果来看，人民法院采纳检察机关指控罪名和量刑建议占92.1%。从量刑情况来看，认罪认罚案件免予刑事处罚的占0.3%，判处3年有期徒刑以下刑罚的占96.2%，其中判处有期徒刑缓刑、拘役缓刑的占33.6%，判处管制、单处附加刑的占2.7%，侧面反映出认罪认罚制度的从宽效果。总地来看，改革试点在提升办案质量效率、及时有力惩治犯罪、贯彻宽严相济刑事政策、保障当事人合法权益、优化司法资源配置等方面取得积极成效。

（一）加强组织领导，确保改革试点规范有序开展

最高人民检察院党组和曹建明检察长高度重视试点工作，专门听取改革试点汇报，多次提出明确要求，强调要把思想和行动统一到中央的决策部署上来，深入研究，加强指导，全力把试点工作组织好、落实好，推动构建具有中国特色的轻罪诉讼体系。2016年11月下旬，最高人民检察院在江苏省南京市召开检察机关刑事案件认罪认罚从宽制度试点工作部署会，孙谦副检察长出席会议

并讲话，深刻阐明试点意义、试点原则、试点方法、试点步骤，促进试点地区吃透改革精神、统一思想认识，明确试点要求。为规范认罪认罚案件办案程序，在总结速裁程序试点经验和征求各地意见的基础上，最高人民检察院统一制定了认罪认罚案件起诉书、具结书等 12 种法律文书样式，并在检察机关统一业务应用系统中研发认罪认罚案件模块。在 2017 年年初召开的全国检察长会议上，围绕推进试点工作专门安排公诉厅负责同志作大会发言。在 2017 年 5 月最高人民检察院召开的司改背景下刑事公诉面临的新问题、新挑战及对策研讨会上，专门设置“繁简分流与智慧公诉”单元，对试点工作专题研讨，查找难点困惑，交流经验做法。最高人民检察院公诉厅及时总结推广各地经验做法，并派出工作组加强对试点地区的督察调研，促进改革试点落地见效。2017 年 9 月，最高人民检察院公诉厅又在山东青岛召开了推进会，对试点各地区的经验做法进行了推广和交流，进一步推动了试点工作。

各试点地区检察院成立以检察长或者分管副检察长为组长的试点工作领导小组，组建工作专班，制定实施方案，通过召开会议、加强培训、发布典型案例等形式及时传达改革试点精神，并结合本地实际，在当地党委政法委协调下，单独或者会同其他政法部门出台实施细则，对适用范围、证据要求、程序选择、权利保障、自愿性审查、量刑协商、从宽幅度等作出详细规定，促进试点工作在规范中稳步推进。有的试点地区还发挥年终考评对试点工作的示范、引领和促进作用，如天津市检察院修改了《公诉工作考评办法》，将认罪认罚从宽制度试点工作纳入公诉工作考评体系，对积极开展试点工作的设置了较高的评分标准和激励措施，对适用率达不到一定比例的，给予较大幅度的减分和相应降档处理；南京市检察院将试点工作作为 2017 年七项重点检察改革项目之一，统筹部署推进。

（二）依法从快从简，提高诉讼效率

试点地区检察院坚持提速与增效并重的原则，区分速裁、简易、普通程序简化等不同的诉讼程序，在继续坚持对速裁案件简化法律文书制作、简化案件审批流程的基础上，积极探索提高诉讼效率的新途径。北京市朝阳区、海淀区、丰台区三个案件量较大的检察院均设立了轻罪犯罪检察部，西城区、通州区、昌平区、顺义区检察院也成立了轻罪专业化办案组；上海杨浦区、奉贤区、嘉定区、松江区和天津津南区等区检察院成立认罪认罚案件专办组或速裁程序办案组，专门办理认罪认罚案件。北京海淀区检察院与该区公安局、法院、司法局协作，建立“全流程简化”速裁模式，在海淀公安分局执法办案中心设立速裁办公区和速裁法庭，对部分简单且易收集证据的盗窃、危险驾驶类案件，在犯罪嫌疑人羁押的48小时内，完成侦查、起诉、量刑协商、审判的全部流程。杭州市检察机关依托远程视频提审、开庭、送达系统减少承办人出行耗时，依托安徽科大讯飞智能语音识别系统有效提高了承办人制作讯问笔录、审查报告的效率。广州市南沙区检察院、武汉市汉阳区检察院、长沙市检察机关针对审查起诉环节认罪认罚从宽案件签署材料较多，提审时间增加等问题，探索“集中告权、集中签署、集中办理”的三集中办案模式，固定时间由司法局指派值班律师到认罪认罚工作区，集中见证取保候审犯罪嫌疑人的认罪认罚具结签署工作，提供法律帮助；固定时间由司法局指派值班律师到看守所，集中见证在押犯罪嫌疑人的认罪认罚具结签署工作，提供法律帮助；与法院协商，对认罪认罚案件集中开庭。厦门市集美区检察院把将试点涉及相关法律文书纳入检察专递范围，运用检察专递，为告知、社会调查等环节提速，降低了文书在途时间。深圳市宝安区检察院根据案件是否经过审查逮捕实施“分别启动”模式，凡是经过审查逮捕的认罪认罚案件，由侦查监督部门在案卷袋上粘贴“启动认罪认罚程序”标识；对于未呈请逮捕的案件，由公安机关在移送审查起诉时粘贴标识启动。郑州市检察机关积极探索试用速裁程序“1 +2 +8”办案模式，对适用速裁程序的案件，案管部门在受案1日内移交公诉部门，公诉部门安排专人2日内完成告知、讯问、拟定量刑建议，确保8个工作日内审结案件。为积极探索刑拘直诉机制，杭州市西湖区公、检、法三家制定《关于试行刑拘直诉机制办理轻微刑事案件的若干规定》，对已经刑事拘留又无逮捕必要，或者可捕可不捕的轻罪案件嫌疑人，不经审查逮捕环节，在法定的拘留期限内直接移送检察机关审查起诉并由法院依法作出判决，实现轻刑案件办案提速。郑州登封市公、检、法、司四家制定《刑事案件刑拘直诉程序工作实施细则》，对刑拘可能判处拘役(不含缓刑)刑罚的，试用“3 +2 +2”办案模式，集中在7天时间内审结。

(三)落实认罪认罚从宽，减少社会对抗

对认罪认罚的刑事案件，在从简从快处理的同时，坚持法内从宽、合理从宽的原则，充分体现实体从宽处理。犯罪嫌疑人、被告人在不同的诉讼阶段认罪，将获得不同的量刑折扣，越早认罪折扣幅度越高。深圳市检察机关规定，侦查阶段、审查逮捕和审查起诉阶段、审判阶段认罪并与公诉人签署具结书的犯罪嫌疑人、被告人，可以相应获得减少基准刑的60%、40%、10% ~20%以下的量刑优惠。北京、济南、青岛对适用认罪认罚从宽处理的案件，多方面体现“从宽”，根据认罪认罚的时间节点，把从宽扩展到强制措施适用、起诉必要性、精确化量刑等多个层次，体现从宽形式的丰富性和层级的差异性。一些试点地方积极探索非羁押性诉讼，将犯罪嫌疑人认罪认罚情况作为判断社会危险性的重要因素，优先适用取保候审、监视居住，提起公诉的认罪认罚案件被告人中采取取保候审、监视居住措施的占42.2%。这体现了宽严相济刑事政策，避免了“交叉感染”等弊端，大大降低了再犯可能性，有利于罪犯改造和回归社会，促进社会和谐稳定。

（四）依法保障人权，确保被告人认罪认罚自愿性、合法性

认罪认罚制度改革的关键是保障认罪认罚的自愿性、合法性。试点地区检察机关坚持“从快不降低标准，从宽不放纵犯罪，从简不减少权利”，严格权利告知制度，严格审查案件事实证据，依法保障律师帮助和辩护权利，确保被告人自愿认罪认罚。坚持法定证明标准，不仅审查被告人认罪认罚自愿性，而且对主要事实进行实质审查，确保在有效节约司法资源的同时不降低办案质量，不发生被迫认罪、替人顶罪等冤假错案。建立被告人反悔程序回转机制，对适用速裁程序的被告人在法院判决前否认指控的，及时建议法院转为普通程序。广州市南沙区检察院建立刑事案件认罪认罚工作区，听取当事人意见，告知犯罪嫌疑人权利，为辩护人、值班律师提供规范、舒适的阅卷、见证场所。北京、上海、浙江等试点地区检察机关商有关部门探索在检察院设置值班律师工作站，为取保候审的犯罪嫌疑人提供法律帮助和具结见证，做到值班律师定点化、固定化。上海徐汇区、杨浦区、普陀区、静安区等区检察院及上海铁路运输检察院实现法援律师全覆盖，即对所办理的认罪认罚案件均通知法律援助中心为犯罪嫌疑人、被告人指定辩护人，使律师从形式参与向实质参与深化，全方位保障犯罪嫌疑人、被告人的合法权益。济南市、青岛市检察院主动与律师协会联系，就律师如何介入认罪认罚程序、如何参与认罪量刑协商进行探讨交流；济南市检法两院会签了《关于在刑事诉讼中开展认罪认罚从宽处理制度试点工作的办法（试行）》，明确了律师参与协商的办法、犯罪嫌疑人权利保障等内容。北京朝阳区、福州鼓楼区、厦门集美区等检察院，将具体量刑情节梳理成条目，制作量刑清单，告知犯罪嫌疑人，充分保障其知情权，为达成“认罪认罚”提供基础。据统计，截至2017年11月底，认罪认罚案件被告人上诉率为3.6%，检察机关抗诉率、附带民事诉讼原告人上诉率均不到0.1%，被告人上诉率仅为3.6%。

(五)强化监督制约,严防权权交易、权钱交易

在办理认罪认罚案件关键环节加强监督制约,防止以钱赎罪等问题。一是着力加强内部监督。重庆市院为规范员额检察官办理认罪认罚案件,专门出台了《检察官办理认罪认罚案件权力清单》,严格落实办案责任制,细化权力清单、审批流程和责任追究,解决好放权与放心的问题。二是律师全程参与量刑协商。济南市、青岛市检察机关在量刑协商中,犯罪嫌疑人有辩护律师的,通过辩护律师与检察机关协商;没有委托辩护律师的,由指定的法律援助律师提供帮助,且协商时必须有辩护律师、犯罪嫌疑人及检察机关三方在场方为有效。三是注重听取被害人意见,全面掌握案件情况,接受被害人的监督。特别是注意将被告人与被害方是否达成谅解协议作为拟定量刑建议的重要考量因素,充分保障被害方的权益。福建省检察机关推行"约见检察官"和诉前听证制度,合理关注被害人诉讼请求,认真开展释法说理和心理疏导。四是起诉时将认罪认罚具结书、量刑建议书一并提交法院,由法院通过庭审程序,依法对认罪认罚的自愿性及协商的公正性进行审查确认。青岛市市北区检察院还设立专门的量刑协商办公室,承办人、辩护律师在案管中心、纪检监察部门全程监督下,就认罪认罚从宽申请事项进行协商,并记录在案,由案件经办人、案管中心监督人、辩护律师、案件当事人签字确认后,随案移送,确保了案件的公正办理。

(六)加强各诉讼环节衔接配合,合力推进改革试点

试点地区检察机关在党委政法委统一领导下,加强与公安、法院、司法行政机关等的协调配合,合力攻坚、破解难题。厦门市思明区检察院协调区司法局法援中心在该院设立法律援助律师值班室,为非羁押的嫌疑人、被告人提供法律帮助。广州市花都区检察院与看守所加强衔接,将审查起诉阶段适用的《犯罪嫌疑人认罪认罚从宽制度告知书》和《认罪认罚具结书》等文书模板放置到区看守所的监仓,让犯罪嫌疑人提前了解认知和学习认罪认罚从宽

制度,促使其尽早认罪悔罪,自觉自愿选择适用认罪认罚从宽制度;犯罪嫌疑人之间主动宣传,提审时主动要求适用该制度的比例显著上升;同时,将上述文书模板提供给区司法局,方便值班律师充分了解认罪认罚从宽制度,更好地为犯罪嫌疑人提供相关法律帮助。北京市丰台区检察院与区公法司等单位搭建局域网,建立信息化办案共享系统,通报反馈办理认罪认罚案件中的常见难点、突发事项、居住地核实、赃证物移送、法律帮助等工作的进展,提示需要聘请翻译、犯罪嫌疑人身体状况等特别注意事项。上海市青浦区、嘉定区、杨浦区检察院分别与区法院、公安分局、司法局召开认罪认罚从宽制度试点工作联席会议,就量刑建议和从宽限度的把握、集约化审判、法律援助值班律师制度等事宜进行协商,形成了推进试点工作的合力。

(七)推进智慧公诉建设,推进改革试点与现代科技深度融合

试点地区检察院积极探索推进认罪认罚案件远程视频提讯、远程视频出庭、远程视频送达,减少公诉人往返看守所、法院、等候开庭等中间环节,有效提高了办案效率。北京海淀区、杭州西湖区、厦门思明区等检察院积极引入智能语音识别转换系统,有效节省讯问犯罪嫌疑人和制作审查报告的人力和时间。厦门市部分试点院探索电子卷宗综合运用,开展对犯罪嫌疑人签署认罪认罚具结书进行同步录音录像试点。杭州市江干区检察院研发危险驾驶案件智能辅助量刑建议系统,助力量刑建议精准化,同时辅助办案人员阅卷、提审、审查、文书编写等,在办理危险驾驶罪速裁案件中,办理时长从“一天一案”缩短到“一时一案”,其中阅卷到完成文书制作仅需20分钟,提审10分钟,开庭5分钟,全面提高办案效率。

二、改革试点工作面临的问题和困难

(一)各试点地区之间工作开展不平衡

虽然18个试点城市都是在两年速裁程序试点的基础上开展

认罪认罚从宽制度试点的，但从试点进度、推进力度、办案数量、工作效果等方面看，各试点地区之间发展还很不平衡。

（二）适用案件类型和罪名相对有限，不起诉适用较少，认罪认罚的从宽效果有待进一步落实

由于前两年的速裁程序试点过程中，已形成了相应的工作模式，因此在认罪认罚从宽制度试点过程中，速裁案件的认罪认罚工作开展较为顺利，适用认罪认罚从宽制度的以轻微刑事犯罪居多，而适用普通和简易程序的案件在认罪认罚试点方面工作开展相对有限。从认罪认罚案件处理情况看，不起诉案件占适用认罪认罚从宽制度案件的4.5%。

（三）认罪认罚从宽制度的程序运行机制还不完善

如法院建议检察机关调整量刑建议的，对于调整后是否需要重新签署认罪认罚具结书规定不明确。被告人没有辩护律师，但在庭审中对量刑提出异议的，重新具结的操作流程尚未统一。《试点办法》要求办理认罪认罚案件应当听取被害人及其代理人意见，但对听取意见的方式没有明确，且实践操作难度较大。犯罪嫌疑人家属委托辩护律师，但由于控辩双方未取得联系，承办人在不知情的情况下通知值班律师见证具结，导致具结效力存有争议。

（四）认罪认罚自愿性保障机制尚不够健全

供述的自愿性审查是适用认罪认罚从宽制度审查判断的重要内容。认罪认罚从宽制度的实施主要在检察环节，检察机关要在程序中的每一环节确保诉讼规则以及犯罪嫌疑人、被告人权利的实现，责任重大。在改革试点中，由于犯罪嫌疑人、被告人的供述既涉及对于犯罪事实也包括对于检察机关建议的刑罚种类、幅度和执行方式的“一揽子”接受，因此，自愿性审查的范围应更宽，尺度也更严。但目前尚未建立对于供述自愿性、真实性的审查判断机制和规则，制度建设中仅通过“告知”“听取意见”等要求进行了简单的程序化规定。目前值班律师的地位和职责主要是法律帮助

和见证,对保障认罪认罚案件被告人自愿性的作用尚不明确。

(五)量刑从宽幅度有待细化规范,量刑建议精准度不易把握

检察机关提出量刑建议是办理认罪认罚案件的必经环节。根据《试点办法》,对认罪认罚案件,检察机关一般应当提出明确具体的量刑建议,建议判处财产刑的,一般应当提出明确的数额。法院作出判决时,一般应采纳检察院指控的罪名和量刑建议。检察机关量刑建议准确与否,直接影响法院对量刑建议的采纳。首先,在主刑量刑方面,虽然最高人民法院目前已经发布了23个常见罪名的量刑指导意见,试点省市高级人民法院发布的量刑指导意见对部分类罪也提出了量刑规范,但由于认罪认罚从宽制度的适用对于罪名没有限定,绝大多数罪名尚缺乏明确的量刑指导意见。实践中,检察人员对个案的量刑建议多有赖于自身或本地的实践经验,缺乏明确的标准。加之认罪认罚从宽制度无罪名限制、无刑期限制,量刑时需要综合考量量刑情节进行加减,这也增大了检察机关提出量刑建议的难度,有些量刑建议与法院判决差异较大。检察机关尚未制定统一的量刑建议标准,也未形成具体的量刑协商规则,经验积累不足,程度把握不准,特别是对于法定刑幅度较大的犯罪,提出确定型量刑建议更加困难。而且,有些法院对检察机关精准量刑建议心存抵触,认为这种做法限制了法官的自由裁量权,使全面推行确定型量刑建议的障碍较大。其次,在附加刑方面,法律规定附加刑只是一个大概区间,而《试点办法》要求一般应当对财产刑等附加刑提出明确具体的数额建议,造成实际操作困难。

(六)内部配套措施尚未跟上,办案程序较为烦琐,影响办案效率

不少试点地方反映,根据试点办法,检察机关受理认罪认罚案件后,需要告知犯罪嫌疑人认罪认罚的权利义务、与犯罪嫌疑人及其辩护人协商、听取被害人意见促成刑事和解、提出具体的定罪量

刑意见并签署具结书；且实践中还存在庭审阶段不认罪的程序回转案件，与以往办理案件相比，认罪认罚从宽制度改革给检察机关增加了新的工作任务。从检察环节来看，认罪认罚案件实际上在办案程序是做“加法”，为达到诉讼提速的目的，必须相应地在文书流转和程序衔接上做“减法”。但是，目前案件文书生成、案卡填录等工作均需依托最高人民检察院统一业务应用系统进行网上操作，由于统一业务应用系统依托的检察专网属于机密增强级，在各看守所尚未完成布线、联网及配置工作，办案人员无法在相应办案场所集中、就地处理，相对延长了办案时间。同时，目前认罪认罚案件模块还未正式投入使用，受制于办案系统程序设置及诉讼文书归档等硬性规定；适用认罪认罚从宽的案件仍需制作审查报告，文书精简不够到位，造成单位时间内工作量不减反增，一定程度上影响了承办人适用认罪认罚制度的积极性。

（七）外部衔接不够顺畅，影响了认罪认罚从宽制度的适用

一是对侦查机关积极性激励不够。认罪认罚从宽制度改革的基本价值之一是繁简分流、提升诉讼效率。实践中，侦查机关对于犯罪嫌疑人认罪的案件，收集证据的标准并未有变化，而侦查时间却大幅度缩短，一些侦查人员缺乏积极性；同时由于不掌握指控的证明标准，对于已经达到定罪量刑标准的案件，仍然继续侦查，无法及时将案件移送审查起诉，造成侦查羁押期限过长。以天津为例，由侦查机关建议启动的仅占全部认罪认罚案件的8.6%。二是非羁押诉讼案件中律师参与认罪认罚从宽制度还不顺畅。《试点办法》要求在人民法院、看守所设立法律援助值班律师，对是否在检察机关设立没有明确规定；而实践中因非羁押诉讼案件大量增加，在检察机关配备值班律师的需求更加迫切，目前尚未覆盖到全部试点检察院。三是值班律师数量不足等问题直接制约改革试点工作推进。值班律师是犯罪嫌疑人、被告人获得法律帮助的最主要途径。根据《试点办法》的规定，认罪认罚具结书的签署需要

律师在场。但当前刑事辩护率偏低，值班律师的配备远远不能满足改革试点工作需要，很多试点市县看守所内没有值班律师。因值班律师数量有限，无法及时参加量刑协商，影响了办案效率。不少试点地方反映，由于值班律师与犯罪嫌疑人之间并未形成法定的委托代理关系，一些值班律师怠于见证，有的甚至拒不副署签名。究其原因，其一是值班律师要求根据工作量相应调整补贴，但多数地方该项补贴未纳入财政预算；其二是部分值班律师对于副署签名心存疑虑，担心嫌疑人日后翻供会承担责任。此外，对于犯罪嫌疑人被取保候审的案件，由于《试点办法》没有规定在检察机关配备值班律师，一定程度上制约了认罪认罚从宽制度的开展。四是司法行政机关开展社会调查还有待协调加强。对于检察机关建议适用管制、缓刑等非监禁刑的认罪认罚案件，需要委托司法行政机关开展社会调查，出具是否实行社区矫正的意见。由于认罪认罚从宽制度办案期限较短，部分司法行政机关尤其是外地司法行政机关不能在法定审理期限内作出并送达，影响了认罪认罚从宽制度的适用。

三、最高人民检察院下一步工作措施和建议

（一）进一步加强领导、统一认识，提高试点积极性

认罪认罚从宽制度试点涉及多个部门、多个诉讼环节，建议各试点地区党委政法委进一步加强对改革试点工作的组织领导和统筹协调，进一步完善认罪认罚案件的程序运行机制，明确认罪认罚条件的把握、量刑建议、当事人诉讼权利保障和诉讼程序适用等工作规范，及时研究解决各诉讼环节衔接配合中遇到的困难和问题。各试点检察院要积极拓展案件类型，在速裁程序及其他程序中同步发力，积极探索普通案件适用认罪认罚从宽制度的办案模式，并与法院沟通普通程序简化审的程序规范。适度扩大认罪认罚案件相对不起诉的适用，发挥不起诉的分流作用。上级检察院要进一步加强调查研究、业务指导和督促检查，注意总结推广好的经验做

法。2017 年 9 月,最高人民检察院召开了检察机关刑事案件认罪认罚从宽制度试点工作推进会,总结试点工作情况,分析存在的问题,对深入推进试点作出进一步安排和部署,做好迎接全国人大常委会中期检查的相关准备工作。

(二)进一步完善认罪认罚自愿性保障机制,保障犯罪嫌疑人合法权益

建立健全认罪认罚自愿性的审查判断机制和具体规则,注意分析被告人有罪供述的自愿性、合法性、稳定性、真实性,注重以客观性证据构建指控犯罪体系。完善值班律师转任指定辩护人机制,明确值班律师除提供法律帮助、参与签署具结书外,赋予其阅卷的权利以便了解案件基本事实,以保障值班律师可提供有效的法律帮助;鼓励有条件的试点地区对所办理的认罪认罚案件均通知法律援助中心为犯罪嫌疑人、被告人指定辩护人,更加充分地保障犯罪嫌疑人、被告人的合法权益。有限制地赋予犯罪嫌疑人认罪认罚撤回权:对于确属刑讯逼供或存在重大误解的认罪认罚的,可以考虑赋予一定的撤回权,并在提出程序和审查方面予以限定。

(三)进一步提高量刑建议精准化水平

统一量刑规范,明确量刑标准,是提出确定型量刑建议的关键一步,有助于增强犯罪嫌疑人、被告人对诉讼结果的可预期性,提高其认罪认罚的积极性。要加强量刑规范化建设,鼓励指导各地结合实际加强实践探索,进一步细化常见罪名量刑标准,对尚未明确量刑标准的罪名,商最高人民法院共同研究出台量刑规则或者量刑指导意见,为规范、准确量刑提供依据。加强量刑建议专项培训,重点围绕坦白自首、刑事和解等不同认罪情节以及不同诉讼阶段认罪认罚如何从宽处罚等重点进行,逐步推动幅度刑建议向精准量刑建议过渡。探索大数据等现代科学技术在量刑建议方面的应用。总结上海、杭州等地检察院探索智能辅助量刑建议的经验,选择部分试点检察院研发智能辅助量刑建议系统,提供类案推送

和量刑偏离度分析,为提升量刑建议精准度提供科技支撑。2017年8月,最高人民检察院公诉厅举办了认罪认罚从宽制度试点培训班,安排专题加强教育培训。

（四）进一步完善内部配套机制,提高办案效率

深化提升速裁试点中积累的好经验、好做法,探索总结集约化办案制度,速裁案件不再制作审查报告或者制作表格化审查报告、起诉书。鼓励试点地区探索非羁押诉讼和刑拘直诉程序,让速裁程序进一步提质增速。指导试点地区检察院推广电子卷宗运用、远程视频提讯出庭等信息化支持公诉业务模式,加快检察机关统一业务应用系统"认罪认罚从宽业务模块"的应用,简化工作流程和案件事务性工作,完善信息提取和数据统计功能。协调案件管理办公室加强在看守所配置统一业务应用系统的网络支持,方便办案人员集中就地完成案卡填录、文书制作等工作。适应司法责任制改革要求进一步简化内部审批程序,最大限度减轻公诉人工作负担。

（五）进一步加强外部沟通协作,推动值班律师制度落实落地

认真落实值班律师制度,指导试点地区检察院支持司法行政部门认真贯彻司法部、财政部《关于律师开展法律援助工作的意见》,推进法律援助参与认罪认罚从宽制度改革,落实政府购买法律援助服务工作机制,解决经费保障问题,提高法律援助专职律师比例,提升法律援助服务质量。加强律师执业权益保障,落实好办理法律援助案件免收、缓收复制案件材料费以及资料查询费等规定。指导推动有条件的地方在检察机关派驻值班律师,探索值班律师预约制度。加强与公安机关、司法行政机关的协调配合,在侦查阶段提前预判,及早启动社会调查及回函工作,确保认罪认罚从宽案件相关部门紧密配合、环环相扣。

（六）进一步加强协作配合和监督制约,确保试点成效

加强与侦查、审判、辩护等环节的衔接配合,确保认罪认罚案

件全程提速,确保办案质量。加强与公安机关、看守所等的沟通协调,推动解决部分看守所提押偏慢、远程提讯硬件配备不到位、适用认罪认罚被告人为留所服刑滥用上诉权等问题。结合司法责任制改革推动试点工作,明确员额检察官办案权限,制定权力清单,强化对裁量权的监督制约。对速裁以外的认罪认罚案件,探索将量刑步骤表格化并纳入审结报告,使检察官量刑心证过程一目了然、有痕可查,为量刑建议权戴上"紧箍咒"。加强对认罪认罚案件侦查和审判活动的法律监督,特别是强化对侦查阶段认罪认罚自愿性的监督,坚决排除非法证据,防止刑讯逼供等非法取证行为,防止冤假错案发生。严明办案纪律,严肃查处"人情案""关系案",防止滥用权力、以权谋私,增强司法公信力。

（责任编辑:李占州）

认罪认罚从宽制度的实践探索

——以上海检察机关试点工作为视角

徐燕平*

目　次

* 徐燕平，上海市人民检察院副检察长。

三、试点过程中存在的问题及成因

（一）试点工作"积极性"亟须提高

（二）程序规定"模糊性"亟待明确

（三）量刑建议"精准化"面临挑战

（四）从宽方式"多样化"有待探索

（五）监督制约"机制化"尚需完善

四、全面推进试点工作的具体路径

（一）进一步统一思想，以高度的政治责任感和时不我待的紧迫感扎实推进试点工作

（二）进一步探索从宽方式，更好体现适用认罪认罚从宽制度的系统性

（三）进一步提升量刑建议精准度，不断增强认罪认罚从宽制度的生命力

（四）进一步改进办案方式和完善工作机制，最大限度实现诉讼程序简约化

（五）进一步提供全方位法律服务，加大试点工作的人权保障力度

（六）进一步强化监督制约，确保试点工作在阳光下运行

（七）进一步加强统筹指导，确保试点工作取得实实在在的成效

为贯彻落实全国人大常委会《关于授权最高人民法院、最高人民检察院在部分地区开展刑事案件认罪认罚从宽制度试点工作的决定》和最高人民法院、最高人民检察院、公安部、国家安全部、司法部《关于在部分地区开展刑事案件认罪认罚从宽制度试点工作的办法》（以下简称《试点办法》），确保试点工作取得成效，上海检察机关高点切入，积极探索，扎实、有序推进试点工作。目前，适用案件数量稳步上升，适用罪名范围逐步扩大，初步形成了一些内

容较为科学、体系相对完备、体现上海特色的阶段性成果。

一、认罪认罚案件的基本情况和主要特点

截至2017年11月30日,上海检察机关(3家分院、17家基层院)适用认罪认罚从宽制度提起公诉的案件共计8096件9365人,件数和人数分别占同期起诉数的33.45%①、27.27%。适用认罪认罚从宽制度作出不起诉决定的案件共计99件124人。

(一)罪名分布范围较广

适用认罪认罚从宽制度提起公诉的案件共涉及111个罪名。其中,案件数量较多的罪名包括盗窃罪2732件2957人,危险驾驶罪1800件1800人,贩卖毒品罪567件590人,寻衅滋事罪512件898人,妨害公务罪345件371人,故意伤害罪295件328人。

(二)量刑建议采纳率较高

对主刑提出确定型量刑建议的有3577人,占适用认罪认罚从宽制度提起公诉案件总人数的38.22%;对罚金刑提出确定型量刑建议的有3253人,占建议适用罚金刑总人数的43.59%。法院对量刑建议采纳率达95.57%。

(三)适用速裁程序起诉的案件居多

适用速裁程序起诉的有4654件5054人,占认罪认罚案件总数的57.53%,适用简易程序起诉的有3319件4111人,适用普通程序起诉的有117件194人,繁简分流的多层次诉讼体系逐步显现。

(四)量刑轻缓化趋势较为明显

一审判决的6856人中,判处3年有期徒刑以下刑罚的有6779人,占比98.88%。其中,适用缓刑2231人,占比32.54%。一审宣判后提出上诉的有87人,占比1.27%。

---

① 共有8家单位适用认罪认罚从宽制度提起公诉的案件数量占比超过40%。

二、试点工作主要举措及取得的成效

(一)制度先行,着力确保试点工作规范化

市检察院在与市高级人民法院联合制发《刑事案件认罪认罚从宽制度试点工作实施细则(试行)》的基础上,又与市社区矫正管理局会签文件,明确各级检察院可以通过社区矫正公检法司信息交互系统,对拟适用非监禁刑的犯罪嫌疑人开展社会调查评估。同时,与市司法局召开座谈会,就值班律师的定位、派驻、转化、跨区使用等问题达成共识,并会签《关于审查起诉阶段律师参与认罪认罚从宽制度试点工作的指导意见》。此外,在前期调研的基础上,还制定了《上海检察机关开展刑事案件认罪认罚从宽制度试点工作的指导意见》,统一规范审查起诉环节的相关内容。

各基层院也结合各自区位特点及实践需求,加强制度构建,细化工作流程。在值班律师制度方面,专门与相关职能部门签署了值班律师参与试点工作的实施办法,充分发挥值班律师的作用,切实保障犯罪嫌疑人、被告人的合法权益。在精准量刑建议方面,从危险驾驶罪、故意伤害罪、盗窃罪、贩卖毒品罪等常见罪名入手,制定量刑建议试行意见,以条文化的方式为精准量刑建议提供参考标准。在法律文书创设方面,设计了以勾选为主、填空为辅的《法律帮助拒绝书》《听取辩护人/值班律师意见书》《速裁案件庭审记录》等多种法律文书,制定了《认罪认罚从宽案件审查报告和起诉书改革实行方案》,多渠道尝试办案文书简化,提高案件办理质效。

(二)科学设置,着力搭建办案组织新形式

目前,本市检察机关办理认罪认罚案件主要存在三种办案组织形式:一是设置专门办案组,即成立认罪认罚案件专办组或速裁程序办案组。为避免长期办理该类案件容易产生工作惰性的问题,还配套建立了办案人员定期轮换制度,即速裁程序办案组与普通办案组实行半年轮换,有利于办案水平的共同提高。二是不设专门办案组,由各个检察官办案组分别办理。在各检察官办案组

内安排一名承办人办理速裁案件，同时由专人负责速裁案件开庭和联系律师工作。三是实行“专办为主、兼办为辅”的办案形式。在保留原有速裁程序办案组办理先前速裁类型案件（可能判处1年有期徒刑以下刑罚）的同时，其他普通办案组对于各自承办的认罪认罚案件，可分别适用速裁、简易或普通程序办理。

（三）保障人权，着力探索法律帮助常态化

与法援中心协商，组建值班律师队伍，并在检察院设置值班律师工作站，为取保候审的犯罪嫌疑人提供法律帮助和具结见证，做到值班律师定点化、固定化。有条件的地区实行法律援助辩护律师全覆盖，即对所办理的认罪认罚案件均通知法援中心为犯罪嫌疑人、被告人指定辩护人，使律师从形式参与向实质参与深化，全方位保障犯罪嫌疑人、被告人的合法权益。此外，商请市法援中心提供各区法援中心派驻看守所、法院的值班律师名单和工作时间，便于及时联系值班律师提供法律帮助。部分基层院还积极借助所在区法援中心设置的值班律师工作平台，建立值班律师快速预约机制。

（四）勇于尝试，着力寻求量刑建议精准化

积极探索“人工智能+量刑建议”，把人工智能的客观精准性和检察官的主观能动性有机结合起来，运用信息化手段分析汇总类案量刑情节，研发量刑建议智能辅助系统，为提出精准量刑建议提供科技支撑。该系统根据每个罪名的实际情况，预先设定影响量刑的共性要素（法定量刑情节、酌定量刑情节）和个性要素（如危险驾驶案件中的乙醇含量），当检察官勾选出某个在办案件的量刑要素时，系统会自动抓取符合条件的案件，摘要显示判决结果等主要信息，同时自动计算出平均刑期，并允许查阅判决书全文，为量刑建议提供直观的参考依据。同时，在按罪名检索时，引入相似度排序选项，使搜索结果按照相似度由高往低排列，同时对相似度一致的案件自动计算出平均刑期。检察官检索时也可以预先设定相似度范围,如80%以上,避免搜索结果过多、参考价值不大等问题。同时,由于近年来司法解释出台密集,导致许多过往案例失去借鉴价值,因此,系统增设了案件年份可选项,达到自动过滤的效果。

(五)创新方法,着力实现诉讼模式集约化

在总结速裁程序试点经验的基础上,为认罪认罚案件量身打造集中受理、集中审查、集中具结、集中起诉、集中开庭的集约化诉讼模式。与看守所协商建立认罪认罚案件绿色通道,安排固定提讯室并落实集中带人。充分利用远程视频系统,对在押犯罪嫌疑人进行集中提审。检察官在提审时告知犯罪嫌疑人可能提出的量刑建议并听取其意见,制作《认罪认罚具结书》《听取辩护人(值班律师)意见表》,在值班律师当值时间组织集中具结。此外,积极探索审诉分离办案模式,设置出庭检察官岗位,集中对各办案组起诉的速裁、简易程序案件出庭支持公诉。

(六)突出特色,着力体现试点工作全面性

注重在认罪认罚案件的适用范围及处理方式上下功夫。根据《试点办法》的规定,适用认罪认罚从宽制度不受罪名范围、罪刑轻重的限制。因此,在试点过程中,积极探索将认罪认罚从宽制度适用于危害国家安全、故意伤害致人死亡、贪污贿赂、渎职等重大案件的办理。同时,借助相对不起诉这个"调节阀",对犯罪嫌疑人自愿如实供述自己的罪行,犯罪情节轻微,不需要判处刑罚或者免除刑罚的案件,积极适用相对不起诉方式。通过强化不起诉裁量权,发挥好检察机关对进入审判程序的案件总量的调控功能,从源头上将不具有起诉价值的认罪认罚案件分离出审判程序,使检察机关成为案件分流的中枢,在保障底线公正的前提下进一步缩短认罪认罚案件的诉讼周期。

三、试点过程中存在的问题及成因

(一)试点工作"积极性"亟须提高

侦查机关对试点工作重视程度不够,没有告知犯罪嫌疑人认罪认罚可能导致的法律后果,对犯罪嫌疑人自愿认罪认罚的,也没有记录在案并附卷,导致试点工作在侦查阶段开展不力,进而影响审查起诉阶段的整体推进。此外,检察机关受理认罪认罚案件后,需要填写多份告知书、与犯罪嫌疑人及其辩护人协商、听取被害人及其代理人意见、促成当事人和解、委托社会调查评估、提出量刑建议并通知律师到场见证具结书的签署,这不仅增加了大量工作,还增大了工作难度,导致办案人员适用认罪认罚从宽制度的畏难情绪较重,一定程度上影响了试点工作的进度。

(二)程序规定"模糊性"亟待明确

被告人没有辩护律师,但在庭审中对量刑建议提出异议的,重新具结的操作流程尚未统一。《试点办法》要求办理认罪认罚案件应当听取被害人及其代理人意见,但对听取意见的方式没有明确,且实践操作难度较大。犯罪嫌疑人家属委托辩护律师,但由于控辩双方未取得联系,承办人在不知情的情况下通知值班律师见证具结,导致具结效力存有争议。

(三)量刑建议"精准化"面临挑战

目前,最高人民法院相继修改了《关于常见犯罪的量刑指导意见》(以下简称《量刑指导意见》),并补充了8种常见犯罪的量刑标准,将认罪认罚案件中占比较高的危险驾驶罪也纳入其中,进一步完善了常见量刑情节的适用和23种常见犯罪的基准刑。但是,目前绝大多数犯罪尚缺乏明确、有可操作性的量刑标准。而且,对于犯罪嫌疑人、被告人具有一定"吸引力"的从宽问题,《量刑指导意见》只是给出了原则性规定,没有通过精确量化的形式体现出来。同时,检察机关既未制定统一的量刑建议标准,也未形成具体的量刑协商规则,经验积累不足,程度把握不准,特别是对于法定刑幅度较大的犯罪,提出确定型量刑建议更加困难。而且,有些法院对检察机关精准量刑建议心存抵触,认为这种做法限制了法官的自由裁量权,使进一步推行确定型量刑建议的障碍较大。

(四)从宽方式"多样化"有待探索

被指控人作出自白实际上是多种动因交互作用的结果,其中以较早的认罪获得较早的释放或更轻的处罚是被指控人的希望所在。[①] 认罪认罚从宽制度的重要目的正是通过从宽手段促使犯罪嫌疑人、被告人认罪认罚,最大限度减少社会对立面,有效化解社会矛盾。司法实践中,从宽的内涵不仅包括刑罚的从轻减轻,还包括变更羁押强制措施、不起诉等方式。但从目前试点情况来看,对认罪认罚的犯罪嫌疑人直接变更羁押强制措施的案件还较少,通过相对不起诉方式予以从宽处理的案件也不多。

(五)监督制约"机制化"尚需完善

认罪认罚从宽制度试点过程中,检察机关变更羁押强制措施、不起诉裁量、量刑建议是公诉权的延伸体现,也是落实从宽处罚的有效途径,行使不当就容易导致司法不公。如何建立内外部监督制约机制,防止"权权交易""权钱交易"等司法腐败现象,是试点工作成败的关键。目前,对办案人员的内部监督主要依赖于案管部门的流程监控和案件评查,但这种方式对量刑协商和量刑建议的监督力度有限。而且办案部门接受外部监督的积极性、主动性不高,相关的外部监督制约机制尚不完善,也一定程度上会影响监督效果。

四、全面推进试点工作的具体路径

(一)进一步统一思想,以高度的政治责任感和时不我待的紧迫感扎实推进试点工作

开展试点工作是落实党的十八届四中全会关于完善刑事诉讼中认罪认罚从宽制度改革部署的重大举措,是宽严相济刑事政策具体化、制度化的重要探索,有利于构建多层次的诉讼制度体系,

---

① See Peter Mirfield, *Silence, Confessions and Improperly Obtained Evidence*, Clarendon Press, Oxford, 1997, p. 104.

深化以审判为中心的刑事诉讼制度改革。在试点过程中,应当辩证地看待这项工作,引导办案人员由消极、被动适用向积极、主动适用转变。办理认罪认罚案件,虽然在审查起诉环节的工作量有一定程度的增加,但这些程序性工作在理顺工作流程的情况下,是能够在法定期限内完成的。尤其是适用认罪认罚从宽制度后通过速裁程序审理的案件,可以省却法庭调查和法庭辩论两大主要环节,诉讼效率的提升是非常明显的,这对于推动案件繁简分流、优化司法资源配置、缓解案多人少矛盾具有积极的意义,有助于更好地满足人民群众对司法公正和效率的实际需求。

(二)进一步探索从宽方式,更好体现适用认罪认罚从宽制度的系统性

一是试行刑拘直诉。对情节轻微、明显不符合逮捕条件、刑事和解等类型的案件建议直诉,省却了批捕、换押等程序性事项,引导侦查机关做好案件分流和证据完善工作,进一步节约司法资源,提高办案质效。二是对接羁押必要性审查。建立认罪认罚从宽制度试点与监所部门羁押必要性审查的衔接机制,通过梳理已办理的羁押必要性审查案件,对申请数量较大、变更率较高的案件进行标准设定,公诉部门发现符合条件的案件应及时通报监所部门审查,对犯罪嫌疑人变更强制措施为取保候审。三是提高相对不起诉适用率。对因亲友、邻里及同学同事之间纠纷引发的犯罪案件,或者老年人、在校学生构成犯罪的案件,情节轻微且认罪认罚的,积极适用相对不起诉。同时,探索对认罪认罚案件进行起诉必要性评估,引入公开审查机制,邀请人大代表、政协委员或特约检察员参与不起诉案件听证,防范不起诉裁量权的滥用。

(三)进一步提升量刑建议精准度,不断增强认罪认罚从宽制度的生命力

1.明确量刑标准,提高量刑建议确定性

检察机关提出量刑建议是办理认罪认罚案件的必经环节。根

据最高人民检察院的要求，对认罪认罚案件，检察机关一般应当提出明确具体的量刑建议，建议判处财产刑的，一般应当提出明确的数额。因此，统一量刑规范，明确量刑标准，是提出确定型量刑建议的关键一步，这也有助于增强犯罪嫌疑人、被告人对诉讼结果的可预期性，提高其认罪认罚的积极性。检察机关要结合实际，加强量刑规范化实践探索，在既有工作基础上，通过检法协作，进一步细化常见犯罪量刑标准，对尚未明确量刑标准的罪名，检法可共同研究出台量刑指导意见或者量刑实施细则，以明确性促确定性。同时，要从最低限度和最高限度两个方面设置从宽处理幅度，细化不同限度的具体标准和适用情形，体现不同层级的差异性。例如，在《量刑指导意见》规定的有关自首从宽处理的基础上，应进一步细分自首的动机、时间、方式、如实供述的程度等情形，明确减少基准刑的“40%以下”“40%以上”等幅度的具体层级，为确定型量刑建议提供明确指引。

2. 立足量刑情节，提升量刑建议准确性

检察机关提出准确的量刑建议，是认罪认罚从宽制度顺利运行的关键环节。量刑建议是否准确，直接关系到犯罪嫌疑人、被告人能否接受量刑建议以及选择适用何种诉讼程序，甚至影响前期诉讼活动中犯罪嫌疑人认罪结果的巩固。在司法实践中，如果被告人、辩护人经常对量刑建议提出异议，或者法院不认可检察机关的量刑建议，势必会导致程序回转，浪费司法资源。因此，我们提出的量刑建议不仅要规范、合理，更要恰当、准确，既要能被当事人认可，也要能被法院采纳。一要加强对量刑标准的研究。对照《量刑指导意见》的规定，熟练掌握量刑方法、量刑起点和量刑基准。通过对类案量刑情况的梳理、分析，总结量刑规律，注意量刑均衡，努力提高量刑建议的准确性和采纳率。二要重视量刑证据的收集固定。建立健全相关工作机制，督促侦查机关及时、全面、客观收集量刑证据，必要时自行补充、完善量刑证据，准确提取量刑信息,充分运用量刑信息评价犯罪嫌疑人的量刑情节。三要确保量刑情节掌握的完整性。既要重视不利于被告人的量刑情节,也要重视有利于被告人的量刑情节,既要重视自首、坦白、立功等法定情节,也要重视和解、赔偿、被害人过错等酌定情节。坚持"同向相加、逆向相减"的方法,提出精准公平的量刑建议。

(四)进一步改进办案方式和完善工作机制,最大限度实现诉讼程序简约化

认罪认罚从宽体现在程序上就是从简从快。《试点办法》根据案件管辖和可能判处刑罚的情况,确立了多种并存的程序来进行刑事诉讼的繁简分流,形成了"普通程序—简易程序—速裁程序"三级"递简"的格局。[①] 与这种多层次刑事诉讼体系相适应,必须坚持提速与增效并重原则,建立完善与之相衔接的公诉模式。一是积极运用最高人民检察院开发的认罪认罚办案模块,简化文书制作和用印需求,通过智能回填犯罪嫌疑人等信息至办案文书、进退认罪认罚从宽制度无需额外操作流程,提高办案效率。二是完善简易程序办理机制。针对当前适用简易程序中"简易不简"的问题,进一步简化案件审查和庭前准备程序,会同公安机关、人民法院健全简易程序案件办理模式,在保证被告人诉讼权利和办案质量的前提下最大限度减轻公诉负担。三是建立被告人认罪与不认罪案件相区别的出庭公诉模式。当前普通程序案件出庭公诉模式千篇一律,检察机关举证、质证等环节拖拉烦琐现象也不同程度存在,造成出庭效率低下。对普通程序审理的刑事案件,也要区别认罪情况:对于被告人认罪案件,会同法院开展普通程序简化审,举证、质证、辩论等环节要予以简化;在被告人不认罪案件中,

① 参见樊崇义、李思远:《认罪认罚从宽制度的理论反思与改革前瞻》,载《华东政法大学学报》2017 年第 4 期。

对被告人无异议的证据,在举证示证时也要予以简化。[①] 四是推进现代科技在公诉工作中的深度应用。积极推广远程视频讯问、远程视频出庭、远程送达、智能语音识别系统自动生成笔录、依托电子卷宗系统制作审查报告、出庭预案和多媒体示证,打造认罪认罚案件从快办理的信息化通道。

(五)进一步提供全方位法律服务,加大试点工作的人权保障力度

联合国《公民权利和政治权利国际公约》第14条第3款规定:"在判定对他提出的任何刑事指控时,人人完全平等地有资格享受以下的最低限度的保证:……有相当时间和便利准备他的辩护并与他自己选择的律师联络……"因此,律师在审查起诉阶段的有效参与,可以保证犯罪嫌疑人、被告人充分了解适用认罪认罚从宽制度的法律后果,确保其认罪认罚的自愿性。由于值班律师只是提供程序性的法律帮助,而不能行使刑诉法规定的辩护权,因此,可进一步推广法律援助辩护律师全覆盖,为犯罪嫌疑人、被告人提供全方位的法律服务。正如学者所言:"唯有辩护权的切实保障,才能使刑事诉讼中的认罪认罚从宽制度具有正当性基础。认罪认罚从宽制度是否能够完善,取决于被刑事追诉之人辩护权的保障问题能否得到妥善解决。"[②]同时,要落实量刑协商制度,实现律师深度参与,保障量刑建议的公允性。《试点办法》明确检察机关应当就指控的罪名及适用的法律条款、从宽处罚的建议、适用的程序等事项听取辩护人或值班律师的意见,为认罪认罚案件中控辩双方的量刑协商提供了法律依据。在协商的过程中,双方地位平等,犯罪嫌疑人及其律师并非只有选择接受或不接受的权利,

① 参见孙谦:《关于检察机关开展"刑事案件认罪认罚从宽制度"试点工作的几个问题》,载《刑事司法指南》2016年第4集。

② 王敏远:《认罪认罚从宽制度疑难问题研究》,载《中国法学》2017年第1期。

而是有权从刑种、刑期及刑罚执行方式等多个方面提出意见,并与控方“讨价还价”。检察机关要根据律师的合理意见,及时调整原有的量刑建议,促使控辩双方达成合意,实现共赢,在确保司法公正的同时提高认罪认罚从宽制度的适用率。

（六）进一步强化监督制约,确保试点工作在阳光下运行

一要着力加强内部监督。建立健全内部监督制约机制,坚持把办理认罪认罚案件与规范司法行为统一起来,强化对自身司法办案活动的监督。要严明纪律,严格落实办案责任制,结合认罪认罚案件特点,细化权力清单、审批流程和责任追究,扎紧制度的篱笆,解决好放权与放心的问题。同时,要充分发挥案管、纪检监察等内设部门的作用,强化对认罪认罚从宽制度运行的动态监督。纪检监察部门应当对认罪认罚案件进行跟踪、回访,重点审查办案人员在适用认罪认罚从宽制度过程中有无司法腐败行为,一经发现,彻查到底,严肃处理。

二要主动接受外部监督。加强办案程序性信息公开和法律文书网上公开,以公开促公正。注重与司法行政机关的合作,以人民监督员制度改革为契机,探索将检察环节认罪认罚案件纳入人民监督员的监督范围,并为人民监督员履职提供便利。定期邀请人大代表、政协委员、特约检察员对试点工作开展专项视察,观摩和评议认罪认罚案件庭审,全面了解、监督检察机关试点工作情况。依法接受公安机关、人民法院的制约,公安机关对不起诉决定提出复议、提请复核的,检察机关要在法定期限内及时作出决定并通知公安机关;法院有权通过庭审程序对认罪认罚的自愿性及具结的公正性进行审查确认,并作出是否采纳指控罪名和量刑建议的裁判。同时,还要积极听取被害人意见,合理关注被害人诉求,认真开展释法说理,自觉接受被害人监督。

三要积极履行监督职责。在严格司法、公正司法的同时,要加强对认罪认罚案件侦查和审判活动的法律监督。特别是要强化对

侦查阶段认罪认罚自愿性的监督，坚决排除非法证据，防止刑讯逼供等违法取证行为。对法院未采纳指控罪名和量刑建议，检察机关认为确有错误的，要区别情况向法院提出纠正意见或者抗诉。

（七）进一步加强统筹指导，确保试点工作取得实实在在的成效

认罪认罚从宽制度改革，是我国刑事诉讼领域的一场重大变革。在推进过程中，要树立全局观念，强化责任意识，坚持组织领导、业务指导、统筹协调、宣传报道并行，确保试点工作取得实实在在的成效。一是建立专门台账，及时梳理试点工作中发现的问题，研究解决对策。对普遍性、倾向性问题以及自身无法解决的重大问题、重大事项，要及时上报。二是定期组织专题培训，使办案人员吃透改革精神，明确改革要求，提高量刑建议水平，提升办理认罪认罚案件的能力。三是积极与侦查机关沟通，推动侦查机关在办理案件过程中，主动告知犯罪嫌疑人享有的诉讼权利和认罪认罚可能导致的法律后果，鼓励犯罪嫌疑人在侦查阶段早些认罪认罚。加强与法院、司法等部门的协调，以座谈会或联席会议的方式，协调解决试点过程中出现的新情况、新问题，合力推进试点工作。四是按照积极、稳妥、慎重的原则，重点从保障当事人权利、体现认罪认罚从宽、促进罪犯教育改造、提高诉讼效率等角度进行宣传，回应社会关切，争取理解支持，为试点工作顺利开展营造良好氛围。

（责任编辑：曹红虹）

检察环节认罪认罚从宽制度实证研究

——以杭州地区试点情况为样本

黄生林*

目　次

* 黄生林，浙江省人民检察院党组成员、副检察长。

（五）诉讼便利作用有待发挥

四、进一步完善认罪认罚从宽制度的意见和建议

（一）强化责任担当，发挥检察机关主体作用

（二）明确适用标准，拓宽认罪认罚适用广度

（三）立足控辩平等，确保认罪认罚自愿性

（四）着眼司法公信，提高量刑建议精准性

（五）保障诉讼权益，延伸社会治理职能

党的十八届四中全会通过的中共中央《关于全面推进依法治国若干重大问题的决定》中明确提出了"完善刑事诉讼中认罪认罚从宽制度"的改革任务。2016 年 9 月，第十二届全国人民代表大会常务委员会（以下简称全国人大常委会）第二十二次会议通过了《关于授权最高人民法院、最高人民检察院在部分地区开展刑事案件认罪认罚从宽制度试点工作的决定》（以下简称《试点决定》），授权北京、天津、上海、杭州等 18 个城市开展相关试点工作。同年 11 月，最高人民法院、最高人民检察院、公安部、国家安全部、司法部（以下简称"两高三部"）联合发布《关于在部分地区开展刑事案件认罪认罚从宽制度试点工作的办法》（以下简称《试点办法》），进一步在操作层面明确了试点工作的内容。认罪认罚从宽试点工作的开展，使宽严相济的刑事政策实现了操作层面上的法律化、程序化和具体化，符合以审判为中心诉讼制度改革的本质要求。本文将结合浙江省杭州地区开展试点的做法和成效，谈谈当前认罪认罚从宽制度深入推进中存在的问题和困难，就进一步完善认罪认罚案件的程序运行机制，明确认罪认罚从宽适用范围、当事人诉讼权利保障和诉讼程序适用等方面提出意见和建议。

一、认罪认罚从宽制度的理论和实践基础

认罪认罚从宽制度试点前，理论界和实务界已对此进行了大量的研究和探索。《试点办法》的出台，既是对学界长期关注的一

些关键问题的回应,也是对相关实践经验的总结,具有重要的理论意义和实践价值。

(一)概念和内涵

《试点办法》对认罪认罚从宽制度作了明确定义:“犯罪嫌疑人、被告人自愿如实供述自己的罪行,对指控的犯罪事实没有异议,同意量刑建议,签署具结书的,可以依法从宽处理。”所谓“认罪认罚从宽”,可从字面剖析其内涵:一是认罪,即犯罪嫌疑人、被告人主观上自愿、如实供述犯罪事实,且承认行为的性质是犯罪,对被指控的基本犯罪事实无异议。二是认罚,即首先犯罪嫌疑人、被告人在认罪基础上自愿接受所认之罪在实体法上带来的刑罚后果;其次须表现出悔罪性,具有积极退赃退赔、缴纳罚金、赔偿损失、取得被害人谅解等情节;最后是对诉讼程序简化的认可,即自愿放弃其在普通程序中所享有的部分法定诉讼权利并接受对自己的刑事处理。三是从宽,包括侦查阶段的从宽处罚建议,审查起诉阶段的酌定不起诉、从宽量刑建议,审判阶段定罪前提下的从宽处罚即依法予以从轻、减轻处罚或者免除处罚。综上,认罪、认罚、从宽三者相辅相成,认罪认罚是条件,从宽是结果。

(二)法理基础

认罪认罚从宽制度同时融合了刑法和刑事诉讼法的相关理念和制度,与域外司法制度中的认罪协商制度(或称辩诉交易)有异同点:

1. 并合主义刑罚观与罪责刑相适应原则。我国刑罚理论经历了从绝对主义刑罚观(报应刑论)到相对主义刑罚观(目的刑论),再到并合主义刑罚观(报应刑和目的刑相结合)的发展历程。我国《刑法》第5条规定的罪责刑相适应原则即体现了并合主义刑罚观。犯罪嫌疑人或被告人认罪认罚的态度一定程度上反映了其主观恶性和人身危险性有所降低,在此情况下对其从宽处罚,使其得到与其罪行和人身危险性相适应的刑罚,并促其通过教育改造,更好地回归社会，实现特殊预防目的。

2. 恢复性司法理念与诉讼便利原则。当今刑事司法理念已逐渐由报应性转向恢复性，在不损害社会公平正义的前提下，对特定范围的案件采取替代性处理方式，有利于迅速恢复被破坏的社会关系，保障当事人正当权益。另外，刑事诉讼的价值不仅体现在司法公正和保障人权方面，还蕴含对诉讼效率的追求。树立“明案速判、疑案慎断”的原则，对被告人认罪且基本没有争议的案件，有条件地适用协商、和解的方式，使案件快速审结，有利于提高诉讼效率，节约司法资源。现行《刑事诉讼法》关于刑事和解制度的规定就充分体现了上述理念和原则。

3. 域外认罪协商制度与控辩交易制度。世界刑事诉讼的第四次革命是控辩关系以对抗为主转向以合作为主。[①] 域外司法制度中的辩诉交易制度系从 19 世纪美国司法实践中发展而来，并于 1974 年被《美国联邦刑事诉讼法规则》作为一项诉讼制度确立下来，之后被英国、德国、意大利等国家采用的。我国学界对辩诉交易的研究由来已久，并积极探索具有中国特色的“控辩协商”制度。辩诉交易与认罪认罚从宽制度具有本质区别：辩诉交易的内容包括罪名、罪数和量刑，甚至包括案件事实有争议或者证据有疑问的案件；而认罪认罚从宽制度仅针对事实清楚，证据确实、充分的案件。但无论是辩诉交易还是控辩协商制度，都是控、辩双方合作共赢的诉讼模式。辩诉交易的本质是犯罪嫌疑人或被告人放弃无罪辩护以换取从宽处遇；而认罪认罚从宽制度是使事实清楚，证据确实、充分的案件中犯罪嫌疑人或被告人通过认罪认罚获取从宽处罚的机会，二者在制度功能上有相似之处。

① 参见冀祥德、李瑛：《律师介入认罪认罚从宽制度研究》，载《人民检察》2016 年第 18 期。

（三）法律、政策依据

在认罪认罚从宽制度开展试点之前，在现有的法律、政策中已体现了认罪认罚从宽的刑事政策和立法精神。

1.《刑法》的相关规定。（1）《刑法》总则之规定。我国现行《刑法》第67条关于成立自首可以从轻或者减轻处罚，犯罪较轻的可以免除处罚的规定，以及《刑法修正案（八）》增设坦白为法定从宽情节等，为认罪认罚从宽提供了法律依据。（2）《刑法》分则量刑条款之规定。如《刑法》分则条款关于贪污贿赂犯罪在如实供述等几种特殊情形下的从宽处罚规定等，也充分体现了认罪认罚从宽的精神。

2.《中华人民共和国刑事诉讼法》（以下简称《刑事诉讼法》）的相关规定。（1）简易程序。《刑事诉讼法》第208条规定基层人民法院管辖的案件，案件事实清楚、证据充分，在被告人认罪且对适用简易程序没有异议的情况下，适用"从简从快"程序。（2）刑事和解。《刑事诉讼法》第277条明确了刑事和解的适用范围，强调了犯罪嫌疑人、被告人认罪态度及其与被害人双方意愿在从宽量刑时的重要性。对于达成和解协议的案件，司法办案机关可以依法作出从宽处理或提出从宽建议。

3.相关刑事政策及刑事司法解释。（1）2003年3月14日，最高人民法院、最高人民检察院、司法部颁布了《关于适用普通程序审理"被告人认罪案件"的若干意见（试行）》，明确提出了"认罪"的概念，并且规定"人民法院对自愿认罪的被告人，酌情予以从轻处罚"。（2）2010年2月8日，最高人民法院发布的《关于贯彻宽严相济刑事政策的若干意见》从刑事政策层面奠定了认罪认罚案件"实体从宽"与"程序从简"的基础。（3）2016年4月18日，最高人民法院、最高人民检察院《关于办理贪污贿赂刑事案件适用法律若干问题的解释》第4条第2款规定："……具有自首，立功，如实供述自己罪行、真诚悔罪、积极退赃，或者避免、减少损害结果的发生等情节，不是必须立即执行的，可以判处死刑缓期二年执行。”对贪污贿赂死刑案件从宽条款的规定，也体现了认罪认罚从宽制度的精神。(4)速裁程序。2014 年6 月27 日，全国人大常委会作出《关于授权最高人民法院、最高人民检察院在部分地区开展刑事案件速裁程序试点工作的决定》，授权最高人民法院、最高人民检察院在部分地区开展刑事案件速裁程序试点工作，对事实清楚、证据充分，被告人自愿认罪且双方当事人没有异议的危险驾驶、交通肇事、盗窃等情节较轻，可能判处一年以下有期徒刑、拘役、管制的案件，提出了进一步简化被告人认罪案件相关诉讼程序的要求。杭州作为速裁程序试点地区，积累了一定的经验，取得了较好的成效。

综上所述，认罪认罚从宽制度的核心价值与宽严相济刑事政策的内涵完全相符，充分体现了以人为本的绿色司法精神，是审判为中心刑事诉讼制度改革的重要组成部分。检察机关要正确定位，充分把握主体作用，以进一步实现提高司法效率和司法公信力的价值目标。

二、杭州地区开展认罪认罚从宽试点工作情况

2016 年9 月以来，杭州地区两级检察院认真贯彻中央和最高人民检察院决策部署，根据全国人大常委会《试点决定》以及“两高三部”《试点办法》，扎实开展刑事案件认罪认罚从宽制度试点，在程序、机制、流程、规范等方面探索实践，推动试点工作深入开展。

(一)基本情况

1.适用比例逐步提高。2017 年1 月至11 月，杭州市检察机关共受理各类刑事案件13 605 件，其中认罪认罚从宽案件6568件，平均适用率48%。截至2017 年11 月，基层院适用比例已提升至62%，且有85%以上的基层院适用率超过50%。超过一半案件的被告人因认罪认罚获得了较基准刑更为轻缓的刑事处罚。

2. 适用案件类型向多样化拓展。现有认罪认罚案件中，盗窃和危险驾驶案件占大多数，两罪合计达77%。其余罪名中适用较多的为诈骗、赌博、毒品类案件，分别占10%、5%和3%。随着试点工作的推进，适用的案件类型从简单的危险驾驶、盗窃等参照量化标准的案件向贩卖毒品、保险诈骗、行贿等具有多重考量因素的案件延伸，从量刑档次在3年以下有期徒刑的案件向量刑档次在3年甚至10年以上有期徒刑案件扩张。

3. 实体从宽，程序从简。2017年1月至11月，杭州地区共对1168件认罪认罚案件作不起诉决定，占已审结的认罪认罚案件的18%。以速裁程序审理的3793件，以简易程序审理的1328件，分别占已开庭认罪认罚案件的72.4%、25%。信息技术与办案深度融合，对于在押的刑期3年以下认罪认罚案件，普遍使用远程提审、具结，并通过公开预约、承办人微调等方式确定提审顺序。西湖、余杭等多地远程视频提审率达40%以上，技术辅助办案效果明显。

4. 量刑建议采纳率高，上诉率低。基层院认罪认罚案件量刑建议采纳率普遍在95%以上。截至2017年11月，适用认罪认罚已决案件5458人中，被判处3年有期徒刑以下刑罚的轻刑占比在90%以上，判决后被告人上诉98人，占比1.8%，可见绝大多数被告人都做到认罪服判。

(二)杭州地区检察机关的举措

1. 细分从宽标准，细化量刑建议。(1)区分认罪时间。明确早认罪与晚认罪的不同从宽标准，遵循“认罪阶段越靠前，量刑建议从宽幅度越大”的原则。如某区院制定《认罪认罚情节考察表》，记录从侦查到提起公诉7个阶段的认罪认罚情况，通过定位认罪认罚时间节点，分别适用30%、20%、10%从宽幅度量刑，此举可以促使犯罪嫌疑人尽早认罪，也提高了公安机关在侦查过程中配合试点工作的积极性。(2)考察在押表现。如某区院建立犯罪嫌疑人被羁押期间表现等级评定制度，根据被羁押犯罪嫌疑人接受管理教育、学习改造等日常表现，区分为“好”“较好”“一般”“差”四等，作为量刑建议的重要依据。(3)细化量刑建议标准。如某区院制定《常见罪名量刑参考表》，以表格形式将交通肇事、故意伤害、非法拘禁、盗窃、诈骗等11种犯罪的量刑细化到以“月”为单位。细化部分罚金刑的量刑建议，明确量刑浮动的量化指标，有效提高量刑建议的精准度。

2. 兼顾公正效率，保障诉讼权利。(1)加强办案质量风险管控。坚持证据裁判原则，切实发挥公诉的审前过滤职能。如某区院将原刑事速裁案件风险管控体系延伸到认罪认罚从宽制度试点阶段，依法审查发现1起案件超过诉讼时效，及时避免3起无罪案件被追究责任。(2)以“刑拘直诉”提速办案。对于案情简单、自愿认罪、不符合逮捕条件或可不捕的轻微刑事案件，侦查机关可不经审查逮捕环节，直接移送审查起诉。如某区院联合公安、法院制定《关于试行刑拘直诉机制办理轻微刑事案件的若干规定》，集合了繁简分流、诉前审查、速裁速办等多项机制，切实提高诉讼效率，节省司法资源。(3)创新值班律师预约制度。如某区院建立具备5年以上执业经验、主办刑事案件20件以上的值班律师团队，明确律师参与认罪认罚工作的时间节点、工作职责和权利义务。建立“值班律师预约制度”，既有效保障犯罪嫌疑人诉讼权利，又防止律师“坐空班”造成人力浪费，切实提升律师参与试点工作的积极性和有效性。

3. 延伸检察职能，践行恢复司法。(1)加强社会治理。如某区院开展检警对接，建立检察机关不起诉后建议公安部门行政处罚的无缝衔接机制，共发出不起诉后行政处罚检察建议18份。该院还通过具结悔过等方式化解社会矛盾，累计追缴赃款近300万元。(2)促进刑事和解。检察机关积极联系并听取被害人及其代理人的意见，将双方是否达成和解协议或者有无赔偿损失、赔礼道歉、取得谅解等作为提出量刑建议的重要考量因素。(3)公开听证提升司法公信。坚持“让检察权在阳光下运行”理念,推进不起诉公开听证制度常态化,邀请人大代表、人民监督员、媒体代表等参加旁听会,确保人民群众对不起诉案件的知情权、监督权。(4)在试点工作中加强法治宣传,落实“谁执法、谁普法”。

4.强化“智慧公诉”,助推试点工作。(1)“三远一网”提效率。全市14个基层院全部建成并使用高清的“三远一网”远程办案系统,实行远程提审、远程开庭、远程送达。其中远程提审系统“边提审,边录音录像”的特点充分保障了认罪认罚的自愿性和合法性。(2)语音识别减负担。注重智能语音系统的运用,扩充了讯问模板、法律术语、专用词库,提高了语音识别能力。部分检察院在办理速裁及认罪认罚案件中智能语音系统适用率达到了56%。(3)“智能公诉”辅助办案。整合原有办案电子信息系统,以检察信息化、卷宗电子化、远程可视化为轴心,开发“智能公诉”办案辅助系统,构建集公诉办案、法律监督、案后评价为一体的智能体系。如某区院开发危险驾驶案件“智能公诉”办案辅助系统,办理危驾案件时长从“一天一案”缩短到“一时一案”,其中阅卷到完成文书制作仅需20分钟,提审10分钟,开庭5分钟。目前,该系统正在研发扩大到其他罪名。

三、认罪认罚从宽试点工作中发现的问题

认罪认罚从宽制度在试点运行中发挥出积极功效,但由于司法实践的复杂多样性与现行规定相对原则性之间存在矛盾,该项制度的深入推进仍面临着诸多问题。主要有以下几个方面。

(一)案件适用范围有待拓展

从试点情况来看,适用认罪认罚从宽制度的案件仍较为有限,直接影响了认罪认罚从宽制度功能的发挥,减弱了试点工作的成效。一是适用案件类型和罪名虽逐步拓展,但占《刑法》全部罪名的比例依然很低,且适用罪名相对集中;从试点情况来看,危险驾

驶和盗窃两类案件总数占比高达77%。二是市院本级办理的一审刑事案件适用认罪认罚从宽情形基本空白。三是对重罪案件、职务犯罪案件、只有部分犯罪嫌疑人认罪认罚的共同犯罪案件,适用认罪认罚从宽制度的数量屈指可数。

(二)自愿性保障机制有待完善

确保犯罪嫌疑人、被告人在真实自愿的前提下认罪认罚,是认罪认罚从宽制度取得实效的关键。从试点情况来看,自愿性保障机制已基本建立,但也存在权利告知、听取意见形式化,犯罪嫌疑人、被告人知悉案件证据情况的渠道较窄,控辩双方信息不对称,供述自愿性、真实性的审查判断机制和规则不健全等问题,容易给案件质量带来隐患。

(三)审前过滤功能有待加强

检察机关应充分履行审前过滤职能,对符合条件的认罪认罚从宽案件依法作不起诉处理,以充分保障人权,减轻庭审压力。从试点情况看,2017年1月至11月,杭州地区检察机关适用认罪认罚从宽制度作出不起诉处理占此类案件人数的18%,高于全国试点地区平均5.68%的比例,但多集中于简单罪名,从认罪认罚从宽制度的初衷和目的看,还应进一步加强不起诉裁量权的运用。

(四)量刑建议精准度有待提高

从试点情况来看,人民法院对检察机关认罪认罚案件提出量刑建议的采纳率普遍在95%以上,保持了较高水平,但检察机关提出精准求刑的比例依然不高,与《试点办法》中"提出明确具体的量刑建议"的要求还存在较大差距。原因主要是检法两家尚未对大部分罪名制定明确的量刑规范,且常用罪名量刑指导意见主要针对主刑,基本不涉及附加刑,客观上限制了量刑建议精准化。

(五)诉讼便利作用有待发挥

认罪认罚案件办理环节客观上增加了审查起诉的工作量。如需要征求犯罪嫌疑人本人的意见,听取被害人及其代理人意见,考量犯罪嫌疑人是否与被害人达成和解协议或者赔偿损失、取得被害人谅解等;此外还有签署具结书时辩护人或者值班律师在场制度等。上述特殊环节和程序客观增加了工作量,导致实践中部分办案人员积极性不高,诉讼便利作用未得到切实的发挥。

四、进一步完善认罪认罚从宽制度的意见和建议

针对试点工作中发现的问题,需要在实践中不断探索和解决。检察环节是连接侦查、审判环节的纽带,检察职权的履行对该项制度的实施和完善起到举足轻重的作用。笔者认为,应当从以下几个方面完善认罪认罚从宽制度,尤其应当加强检察机关的主体作用。

(一)强化责任担当,发挥检察机关主体作用

认罪认罚从宽制度是以审判为中心诉讼制度改革的配套措施,其目的在于平衡公正和效率,检察机关应当把握好认罪认罚程序启动的主导权,充分发挥诉前主导、审前过滤、庭前程序分流作用,保障司法公正、提升司法效率。

1. 充分发挥在程序启动上的主导作用。根据《试点办法》,认罪认罚从宽制度适用于审查起诉和审判阶段。(1)审查起诉阶段的启动。对于符合认罪认罚适用范围的案件,检察机关应在审查起诉阶段主动启动。(2)法庭审理阶段的启动。对于审查起诉阶段未达成认罪认罚合意,在法庭审理过程中,被告人自愿认罪认罚的,经检察机关同意,法院可以启动认罪认罚程序,具体应由检察机关提出量刑建议;被告人达成合意后,检察机关一般应制作具结书。审理阶段的启动时间原则上应在一审法庭辩论终结前或简易程序案件判决前。(3)侦查阶段的"预启动"。为鼓励犯罪嫌疑人在侦查阶段尽早认罪认罚,检察机关应加强与当地侦查机关的沟通配合,增强侦查机关主动告知犯罪嫌疑人认罪认罚权利和法律后果的积极性;对于犯罪嫌疑人在侦查阶段认罪认罚的,侦查机关应记录在案、附卷移送,并在起诉意见书中写明;检察机关应做好

真实性、自愿性审查。(4)二审阶段的启动。对于一审程序中被告人未认罪认罚,二审阶段认罪认罚的,也可以适用该项制度。检察人员在发表出庭意见时,可以根据认罪认罚情况提出从宽建议,但从宽幅度应与一审认罪认罚的从宽幅度有所区别。(5)特殊情况下的程序回转。检察人员出席法庭时,发现被告人违背意愿认罪认罚或者否认指控的犯罪事实,以及其他不适用速裁程序或者简易程序情形的,应当及时建议法院转为普通程序审理。

2. 积极发挥指控犯罪的主体作用。(1)严格把握证明标准,做好诉前主导。检察机关要严格贯彻证据裁判原则,坚守案件质量底线,对于认罪认罚案件不可擅自降低证明标准,应积极引导侦查机关依法、充分取证。对于犯罪嫌疑人认罪,但证据存在疑问的,应严审细核,坚持疑罪从无,防止被迫认罪、替人顶罪、事实无罪等情形,筑牢防范冤假错案的第一道防线。(2)积极运用不起诉裁量权,做好审前过滤。不起诉是诉讼的过滤机制和救济措施,有利于保障人权和防冤纠错,要建立不起诉案件常态评查机制,把"放开"与"公开"结合起来。一是对犯罪嫌疑人虽认罪认罚,但经审查认为情节显著轻微不构成犯罪,或事实无罪,或应为亲告案件的,应当作不起诉处理或建议侦查机关撤案。二是要加强对认罪认罚案件量刑结果的研判,对其中法院有可能判处免刑或者单处罚金的轻微案件,大胆依法适用不起诉决定,防止"一诉了之"。三是对犯罪嫌疑人虽认罪认罚,但案件"事实不清、证据不足",达不到起诉标准的,应依法作不起诉决定,防止案件"带病"进入审判程序。四是对于犯罪嫌疑人自愿如实供述涉嫌犯罪的事实,有重大立功或者案件涉及国家重大利益的,也可以在报经最高人民检察院批准后,作出不起诉决定。同时,检察机关应实行不起诉公开审查,主动接受外部监督,防止起诉裁量权的滥用,防范"关系案""人情案"的发生。

3. 完善公诉办案模式。(1)充分发挥智慧检务的作用。加快法律文书自动生成和智能分案等业务流程系统的建设和应用,运用认罪认罚文书模板,配置到统一业务应用系统中,进一步简化法律文书制作,简化内部审批程序,提高办理认罪认罚案件的工作效率。(2)组建专业化办案组织。结合司法责任制,积极探索认罪认罚案件专业化办理模式。(3)推行"三集中"办案模式。要加强与侦查、审判等环节的衔接配合,建立案件快速流转机制,实现认罪认罚案件集中移送、集中起诉、集中审理,确保认罪认罚案件"全程提速"。(4)完善简易程序办理机制。充分发挥庭前程序分流职能,准确引导繁简分流,针对当前适用简易程序中"简易不简"的问题,进一步简化案件审查和庭前准备程序,简化审查报告制作。(5)完善普通程序简化审机制。探索被告人认罪与不认罪案件相区别的出庭模式,对以普通程序审理的认罪认罚案件,要会同法院开展普通程序简化审,简化举证、质证、辩论等环节,切实提高庭审效率。

(二)明确适用标准,拓宽认罪认罚适用广度

《试点办法》第2条规定了四种不能适用认罪认罚从宽制度的情形,而并未限制适用的罪名和案件类型。应准确理解和把握认罪认罚从宽制度的适用范围和条件,做到平等适用、准确适用,充分体现案件处理的公正性。

1.重罪案件、职务犯罪案件的适用。认罪认罚从宽制度理论上可以适用于所有公诉案件,但对于可能判处死刑的案件、有重大社会影响的案件能否适用、如何适用,目前并无明确规定。实践中对于此类案件,办案人员普遍存在观望和顾虑。笔者认为,一是可以尝试重罪案件和职务犯罪案件认罪认罚从宽制度的适用,通过适用发现问题、积累经验,同时要加强上下沟通,争取上级院的支持和指导。二是死刑案件谨慎适用。有些试点地区的工作方法限制了死刑案件认罪认罚从宽制度的适用。笔者认为,死刑案件犯罪嫌疑人、被告人自愿认罪认罚的,有利于节省司法资源、快速查

清案件事实,也有利于保障被害人及其家属的权益,使被破坏的社会关系得以修复,因此无论从法律规定还是实践效果看都不应排除认罪认罚从宽的适用;但鉴于死刑案件的特殊性,在适用时应当谨慎。

2.共同犯罪案件的适用。(1)部分犯罪嫌疑人、被告人不认罪情况下的适用。适用认罪认罚的度量单位应为“个人”而非“案件”,对于共同犯罪案件中的部分犯罪嫌疑人、被告人认罪认罚而部分不认罪认罚的,对认罪认罚的犯罪嫌疑人、被告人可以适用。此类案件在程序上可以不简化,但对认罪认罚的犯罪嫌疑人、被告人在实体上可以从宽,以体现不同认罪悔罪态度的差别化待遇,实现宽严相济。(2)共同侵财和人身伤害类案件中的适用。对于人身伤害类案件,若犯罪嫌疑人未赔偿被害人损失而得不到谅解的,不宜适用认罪认罚从宽。对于侵财类案件,是否赔偿仅为量刑因素,对有能力全额赔偿而只愿意退赔个人份额的,应综合考虑行为人在共同犯罪中的地位、作用等因素,决定是否适用认罪认罚从宽。

3.重审案件的适用。有观点认为因证据不足而导致发回重审的案件不适用认罪认罚程序。笔者认为,发回重审后,通过证据补强使证据发生变化,达到事实清楚、证据充分的,可以尝试适用认罪认罚从宽。

(三)立足控辩平等,确保认罪认罚自愿性

加强客观性证据审查,严格排除非法证据,以确认有罪供述的真实性和合法性。同时,保障辩护权的充分实现,能够有效保障认罪自愿性、认罚公正性和权利行使的客观理性。

1.完善自愿性保障机制。检察机关要以查清犯罪事实为基础,加强对侦查机关收集证据的客观性、真实性、合法性的审查,以确认犯罪嫌疑人认罪认罚的自愿性和有罪供述的真实性。(1)严格权利告知。检察机关应当在收到审查起诉材料之日起3日内,告知犯罪嫌疑人应当享有的诉讼权利；经审查有初步意见后应及时告知犯罪嫌疑人认罪认罚可能导致的法律后果，保障其程序选择权。(2)加强认罪认罚自愿性审查。实践中，侦查机关对认罪认罚案件存在重言词证据轻客观性证据，甚至将无罪案件作为认罪认罚案件移送审查的情况，检察机关要加强对案件证据的审查，重点加强对是否自愿认罪、取证过程是否合法、是否存在刑讯逼供等违法行为的审查，对于犯罪嫌疑人违背真实意愿认罪认罚的，对其认罪认罚的供述应当不予采信。(3)探索证据开示制度。证据开示制度是保障认罪认罚自愿性的有效方式。通过在诉前向犯罪嫌疑人展示证据，确保其在对审判结果合理预测的基础上做出自愿选择，避免因“信息不对称”做出错误判断。检察机关在量刑沟通时，可将与指控事实相关的证据进行简化集中展示，实现信息对称，保障犯罪嫌疑人的知情权和认罪认罚的真实性及自愿性。

2. 保障和完善辩护制度。(1)完善值班律师制度。检察机关应认真贯彻“两高三部”《关于开展法律援助值班律师工作的意见》，对于犯罪嫌疑人自愿认罪认罚又没有辩护人的，应当通知值班律师为其提供法律咨询、程序选择、申请变更强制措施等法律帮助，确保其在获得及时、充分、有效法律帮助的前提下自愿认罪认罚。同时，可改变律师值班“有事无事都要坐堂”的传统制度，建立“值班律师预约制度”，在特定案件的关键点提前预约律师，以提高司法效率。(2)逐步构建“强制辩护型”辩护模式。① 为充分实现认罪认罚从宽制度的目的，建议分阶段逐步构建认罪认罚制度下的法律援助机制，如以犯罪嫌疑人可能被判处的刑期来确定是否应当提供法律援助。对于法定刑较重的、犯罪事实相对复杂的案件，犯罪嫌疑人认罪认罚的成本更高，辩护律师的介入就更为

① 参见韩旭：《辩护律师在认罪认罚从宽制度中的有效参与》，载《南都学坛》(人文社会科学学报)2016年第6期。

必要。如杭州市检察机关与市司法局已达成共识,对法定刑为一年有期徒刑以下的认罪认罚案件,适用值班律师制度;对于法定刑1年有期徒刑以上案件则指派法律援助律师提供辩护,以充分实现被告人权益保障的广度和深度。(3)提高辩护有效性。有效辩护是认罪认罚案件的发展方向及内在要求。① 现有规定以列举的方式配置了值班律师法律咨询和建议的权利,值班律师实际只起到释法作用。建议进一步明确、细化值班律师职责,如核实案件事实和证据、提供法律帮助、见证具结签字以及认罪认罚程序的建议启动权等,将律师从消极的"程序见证人"逐步转型为积极的"实体参与人"。

(四)着眼司法公信,提高量刑建议精准性

从办案效果上看,检察机关提出的量刑建议幅度越大,对被告人越没有吸引力和说服力,量刑建议与法院裁判差距越小,越有利于树立司法权威,有利于当事人息诉服判。②

1. 积极探索量刑公式。要认真总结量刑建议工作经验,加强对量刑规范化问题的研究,加强对相关量刑规定和量刑指导意见的学习,熟练掌握量刑的基本规范、常见量刑情节的适用、常见罪名的量刑,尤其是对于自首、坦白、立功、刑事和解等量刑情节的考量,逐步提升量刑建议的精准度。做到精准量刑建议与区间量刑建议并举,如3年以下有期徒刑的实行精准量刑建议;3年以上的实行区间量刑建议,其中3年至7年有期徒刑的量刑区间幅度可在3个月至6个月,7年以上有期徒刑的量刑区间幅度可在6个月至1年等。

2. 加强检法沟通。与法院加强沟通协调,基于共同修复社会关系的角度,总体推进,互相适应,共同研究出台量刑规则或量刑

① 参见闵春雷:《认罪认罚案件中的有效辩护》,载《当代法学》2017年第4期。
② 参见朱孝清:《论量刑建议》,载《人民检察》2010年第16期。

指南,为规范、准确量刑提供依据,尽量使检察官的量刑建议与法官的最终量刑达成默契,防止同罪异罚。

3. 加快智能辅助系统建设。检察机关应当充分运用大数据、云计算等现代科技手段对类案量刑情况进行梳理,充分利用智能辅助量刑建议系统进行量刑研判、类案推送和量刑偏离分析,总结量刑规律,注意量刑均衡,努力提高量刑建议的准确性和采纳率。

(五)保障诉讼权益,延伸社会治理职能

充分保障当事人诉讼权益,畅通司法救济渠道,最大限度地缓解社会矛盾,促进案结事了,提升社会法治化水平。

1. 加强诉讼权益保障。(1)加强羁押必要性审查。认罪认罚案件犯罪嫌疑人妨碍诉讼的风险降低,检察机关应当将其认罪认罚态度作为是否具有社会危险性的重要考量因素,经审查认为没有社会危险性不需要逮捕的,应当作出不批准逮捕或者不予逮捕的决定;已经逮捕的,应当变更为取保候审或者监视居住。(2)审查程序从快从简。认罪认罚案件应尽量缩短办案期限,减少犯罪嫌疑人被羁押时间。对其中适用速裁程序的案件可能判处1年以下有期徒刑、拘役、管制或者单处罚金的,检察机关一般应当在受理案件后10日内作出是否提起公诉的决定;因实际需要不能按期办结的,可以根据案件情况适当延长。(3)加强对审判活动的监督。法院违反诉讼程序,损害当事人诉讼权益,影响公正审理的,或者未采纳检察机关指控的罪名和量刑建议,检察机关认为确有错误的,可以依法提出抗诉。

2. 延伸社会治理职能。(1)尊重和保障被害人合法权益。充分听取被害人意见,平衡社会利益,科学评估信访风险,防止引发社会矛盾,促进案结事了。犯罪嫌疑人、被告人认罪认罚,但没有赔礼道歉、退赃退赔、赔偿损失,未能与被害人达成调解或者和解协议、取得谅解的,在考虑从宽时要与取得被害人谅解的情形有所区别。但对于犯罪嫌疑人、被告人确无赔偿能力或者因被害人索赔要求明显不合理而未能达成和解协议的,也可以适用认罪认罚从宽制度。(2)加大宣传力度。建议以典型案例为素材,运用"两微一端"等新媒体,扩大宣传面,提升公众认知度,破解认罪认罚"花钱买刑""诱迫认罪"等社会担忧。(3)加强部门间协调合作。与侦查机关协商,对认罪认罚可能判处缓刑的犯罪嫌疑人,在侦查阶段尽早启动社会调查程序。与法院加强沟通,在认罪认罚的适用和量刑上尽量达成一致,尽力维护司法程序启动的严肃性及权威性。与司法行政机关积极配合,提升值班律师法律帮助的质效,有效兑现司法从宽承诺,鼓励和促进更多行为人认罪服法,提升社会治理法治化水平。

(责任编辑:曹红虹)

认罪认罚从宽制度若干问题研究

颜　畅　马　虹　姚叙峰*

目　次

* 颜畅，江苏省南京市人民检察院公诉二处处长；马虹，江苏省南京市江宁区人民检察院党组成员、副检察长；姚叙峰，原江苏省南京市江宁区人民检察院公诉科科长。

（四）加强律师参与程度，提升犯罪嫌疑人、被告人的对抗能力

（五）探索不同程序案件审查起诉办案工作机制

党的十八届四中全会提出“完善刑事诉讼中认罪认罚从宽制度”。2016 年 7 月 22 日，中央全面深化改革领导小组第二十六次会议审议通过了《关于认罪认罚从宽制度改革试点方案》。2016 年 9 月 3 日，第十二届全国人民代表大会常务委员会（以下简称全国人大常委会）第二十二次会议决定授权最高人民法院、最高人民检察院在南京等 18 个城市开展试点工作。事实上，认罪认罚从宽的精神在我国刑事法律中早已存在，如我国一贯奉行的“坦白从宽”和“宽严相济”的刑事政策。最高人民检察院副检察长孙谦指出，“认罪认罚从宽制度是在以往经验基础上具体化和系统化，以契合中国刑事司法实践需要和特点为基本导向，具有重要的制度价值”。因此，试点认罪认罚从宽制度，不仅要对传统实体从宽方面自首、坦白、缓刑、减刑、假释等进行规范适用，更要对刑事诉讼程序以及司法机关办案机制尝试改造，形成一项集合性的法律制度。

一、认罪认罚从宽定义辨析

探析认罪认罚从宽的概念，有利于我们确定案件适用的范围，并采取针对性的试点措施。

（一）认罪

在学术界，在对“认罪”界定时，有的学者从认罪的主体出发，部分意见认为认罪的主体是被告人，即认罪发生于审判阶段；部分意见则认为认罪主体还可以包含犯罪嫌疑人，即认罪可以发生于侦查阶段和审查起诉阶段。有的学者从认罪的内容出发，部分意见强调认罪应当承认其主要犯罪事实；部分意见则认为即使只承认部分事实，或者只承认较轻的罪名和事实而不承认较重的罪名

和事实也属于认罪的一部分。有的学者还从行为人是否接受司法机关提出的“不利后果”出发,部分认为认罪限于对主要犯罪事实的承认,对自己行为的性质提出异议、提出无罪辩护不影响认罪的成立;还有部分意见认为认罪不仅是对主要事实的认可,还应当认可控方指控的罪名和量刑情节,即对控方进行的否定性价值判断不持异议。

顾永忠教授提出,在刑事诉讼中认罪认罚从宽旨在“从实体和程序上鼓励、引导、保障确实有罪的犯罪嫌疑人、被告人自愿认罪认罚,并予以从宽处理、处罚”。在实践中,在侦查阶段或者审查起诉阶段承认自己主要犯罪事实,又确实能够在刑事诉讼中引起一定程序的发生、改变或终结,如认罪前提下有可能引起刑事和解特别程序的适用。因此我们主张,认罪认罚从宽制度中的认罪,应当贯穿于刑事诉讼侦查、审查、审判等全部环节,即认罪的主体既可以是被告人,也可以是犯罪嫌疑人。认罪的内容上,应当强调“实质性的认罪”,即应当如实供述其主要犯罪事实,不应当包含认轻不认重、认次要不认主要犯罪事实等“投机性”的认罪行为。相应地,实质性认罪的,均应获得从宽处理的机会;那些“投机性”认罪的,因不能认为是“认罪认罚从宽制度”意义上的认罪,当然也谈不上从宽的问题。从制度的适用上考虑,还应要求犯罪嫌疑人、被告人对司法机关的定性不持异议。

(二)认罚

理论界传统上对于认罚研究较少。我们认为,认罚是指犯罪嫌疑人、被告人应当接受司法机关提出的对其不利的处置,包括接受检察机关建议判处的刑罚种类、刑期幅度或确定的刑期、刑罚执行方式或对检察机关拟作不起诉决定没有异议,接受法院的最终判决。值得一提的是,因为犯罪嫌疑人、被告人向司法机关认罚,因此犯罪嫌疑人、被告人对被害人“积极退赃退赔”不是认罚必需的内容。但是“退赃退赔”却是司法机关考虑对犯罪嫌疑人、被告人从宽处罚时的一个重要量刑情节。

(三)从宽

关于现行刑事诉讼法律中对于从宽的规定,《刑法》主要规定了对具有犯罪中止、自首、坦白及被告人自愿认罪等情形进行的可以、应当和一般应当从轻处罚、减轻处罚和免除处罚。《刑事诉讼法》则规定了简易程序、刑事和解特别程序,以及仍在试点的刑事速裁程序。然而,现行刑事诉讼法律中对于从宽的规定,仍偏重于实体上的从宽。我们认为,从宽是依法从宽,而不是突破法律规定的法外从宽。除了对认罪认罚的犯罪嫌疑人、被告人予以实体上的从宽之外,程序上的从宽也应当是重要内容。程序上的从宽表现为优先适用非监禁的强制措施和优先适用快速办理的刑事程序。优先适用非监禁强制措施很好理解。而对于优先适用快速办理程序,实践经验告诉我们,在审查起诉阶段讯问犯罪嫌疑人时,遇到犯罪嫌疑人提出希望案件程序能够"走快点"的要求,不亚于被告人在庭审最后陈述时提出希望法庭从轻处理的频率;由此可见一斑。

二、认罪认罚从宽试点工作中遇到和发现的问题

作为实验性立法,我们认为,当前的试点工作,总体不能突破现有刑事诉讼法的框架和最高人民法院、最高人民检察院、公安部、国家安全部、司法部(以下简称"两高三部")2016 年 11 月 16 日《关于在部分地区开展刑事案件认罪认罚从宽制度试点工作的办法》(以下简称《试点办法》)划定的范围。对照现有规定,结合实践工作,我们发现以下问题。

(一)程序法关于认罪认罚从宽的规定较少,效果不明显

刑事诉讼程序从单一普通程序到普通程序和简易程序并存,再到规定刑事和解特别程序,呈现出逐步丰富的态势。但除了还在继续试点的刑事速裁程序,这些规定总体更偏向于认罪从轻。并且,我国《刑事诉讼法》规定的旨在提高效率的简易程序在提高

司法效率上不尽如人意,适用比例也不高;刑事和解特别程序的适用比例就更低了。

(二)实体从宽过于宽泛,有待规范

无论是自首、坦白还是被告人认罪,对于犯罪人来说,都是一种"可以型"的从宽处罚情节。对是否从宽以及从宽的具体幅度;罪中、罪后认罪,诉前、诉中和诉后认罪,主动、被动认罪,对于从轻处理的影响等问题,没有较为统一的标准,均由法官自由掌控。现行制度无法为犯罪人不同的认罪态度和认罪行为提供准确、适当的量刑回报;无法在最大限度上鼓励犯罪人及早认罪,从而节省司法资源,提高诉讼效率。即使在刑事速裁程序试点中,如何对犯罪嫌疑人、被告人进行从宽处罚,也依旧只有较为原则的规定。

(三)缺乏刑事诉讼程序终止的细化规定

限于现有法律规定,刑事案件在进入诉讼程序后,以程序的向前运行为原则,以程序的终止和倒转为例外。依照现行《刑事诉讼法》及相关司法解释的规定,对于符合《刑法》分则规定的案件,侦查机关立案以后不能撤销案件,只能通过检察机关作出不起诉决定。在实践中,检察机关对于不起诉决定,仍采取审慎的态度,撤回起诉更是作为一项考察案件质量的重要指标。因此,对于认罪认罚的犯罪嫌疑人、被告人来说,获得程序终止的机会是微乎其微的。同时,对于相对不起诉的适用范围和条件、程序如何实施,在目前基层司法机关都面临案多人少的困境下,如何保证相同情形相同处理、避免选择性司法等问题,仍有很多工作要做。

(四)犯罪嫌疑人、被告人的权利保障存在风险

对犯罪嫌疑人、被告人认罪认罚的案件,司法机关为了提高办案效率,往往需要犯罪嫌疑人、被告人让渡出一定的诉讼权利,对现行诉讼程序进行一定程度的简化。同时,由于犯罪嫌疑人对指控事实定性均不持异议,司法机关办案人员很容易产生思维惯性,自觉不自觉地降低对案件证据的关注,从而可能使犯罪嫌疑人、被

告人的合法权利陷入危险的状态之中。尽管"两高三部"《试点办法》第5条规定了办理认罪认罚案件,应当保障犯罪嫌疑人、被告人获得有效法律帮助,但在实践中,因律师履职规定不明确,犯罪嫌疑人、被告人不重视,以及律师投入精力有限等原因,法律帮助中律师作用的发挥仍不尽如人意。

(五)检察机关审查起诉机制研究薄弱

给予犯罪嫌疑人、被告人快速了结案件的从宽处理,必然要求司法机关繁简分流,进一步提高办案效率。根据现行《刑事诉讼法》的规定,我国刑事案件适用的审判程序尚有普通程序和简易程序;对于侦查阶段和审查起诉阶段,均只规定了要求而不涉及诉讼程序。在实践中,简易程序提高司法办案效率的作用都未能很好体现;审查起诉阶段就更是无论什么案件都是一套审查模式走到底了。尽管情况随着刑事速裁试点的展开而有所改变,但刑事速裁程序适用对象毕竟有着严格限定。各试点城市对于在审查起诉阶段如何提高效率,还处于自行摸索阶段。

三、对策研究

我们着眼于试点工作的实践,从程序改造和机制建设两个方面,对有效开展试点工作总结提出以下对策。

(一)探索多层次的刑事诉讼程序

最高人民法院院长周强在向全国人大常委会作对《关于授权在部分地区开展刑事案件认罪认罚从宽制度试点工作的决定(草案)》的说明时提出,开展试点的必要性之一就是深化刑事诉讼制度改革、构建科学刑事诉讼体系的需要。理论上,认罪认罚从宽制度试点启动后,全部刑事案件都将属于试点范围。因此,对于犯罪嫌疑人、被告人认罪又认罚的案件,根据案件不同特征,对应刑事诉讼程序,分别可以适用速裁程序、简易程序、普通程序。同时,为了与不适用认罪认罚从宽制度的刑事案件所适用的刑事诉讼程序进行区别,我们认为现行的刑事诉讼模式又可以细化为以下5种,分别是速裁程序、认罪认罚的简易程序、简易程序、认罪认罚的普通程序、普通程序。其中：

"两高三部"《试点办法》第16条和第17条对速裁程序的适用对象作出了明确规定。

认罪认罚的简易程序适用对象包括犯罪嫌疑人认罪认罚、可能判处3年以上有期徒刑的案件以及因未达成调解或者和解协议而不符合速裁程序适用条件的认罪认罚案件。除此之外的案件，符合《刑事诉讼法》第208条的规定的，适用《刑事诉讼法》规定的简易程序。

认罪认罚的普通程序适用于因案件自身情况不能适用简化的诉讼程序办理的案件中犯罪嫌疑人、被告人认罪又认罚的情形。我们认为以下案件应当适用此程序：一是犯罪嫌疑人、被告人系盲、聋、哑人的案件；二是可能判处无期徒刑以上刑罚的案件；三是犯罪嫌疑人、被告人在侦查阶段和审查起诉阶段不认罪或对适用认罪认罚从宽制度、量刑建议有异议，在法院审理阶段（一审判决宣告前）又认罪认罚的；四是非因被告人不认罪，法院将速裁程序、简易程序转成普通程序的案件。除此之外的案件则适用《刑事诉讼法》规定的普通程序。

区分5种诉讼程序的目的，是要对现有刑事诉讼程序进行改造。刑事速裁程序因有两年的试点，已经较为成熟，本文不再赘述。对于简易程序和普通程序的改造，遵循"减程序不减权利保障、减程序不减法律监督"的原则。其中，简易程序检察机关集中提起公诉；法院集中开庭审理；在保障被告人基本诉讼权利的基础上，公诉人可不再讯问被告人；分组概括出示证据，概要发表公诉意见。普通程序参考普通程序简化方式审理。在法律监督上，将犯罪嫌疑人认罪认罚的自愿性作为监督重点，审查司法机关是否充分保障案件当事人的基本权利。以非法取证、违法扣押等作为侦查监督的重点，讯问时重点与犯罪嫌疑人核实，从中寻找侦查监督线索。以是否准确适用审判程序、有无保障被告人知情权和最后陈述权作为审判监督的重点。同时充分发挥量刑建议在审判监督中的积极作用,加强对认罪认罚案件量刑的研究分析。

(二)规范实体从宽幅度

首先,规范明确不同认罪量刑情节对量刑的影响程度。自愿认罪、坦白、自首在效力上具有递进性和相互排他性,即一种情形只能依据行为人所具有的最高层级的从宽情节进行量刑,不能重复评价。自首和立功所反映的行为人认罪、悔罪程度及行为人的社会危害性是不同的,一般情况下,自首的程度应高于立功。

其次,规范不同类型认罪在量刑基准刑基础上从宽处理的幅度。认罪的方式各不相同,原则上,关于确认的从宽幅度,实行终了前认罪优于实行终了后认罪,诉前认罪优于诉中认罪,诉中认罪又优于诉后认罪,主动认罪优于被动认罪,彻底认罪优于不彻底认罪。在从轻的幅度上,以比例制为主,兼以幅度制的方式进行明确。一方面,根据从宽层级的不同,依照自首、立功、坦白、自愿认罪的顺序,分别设置从高到低不同程度的从轻幅度。另一方面,区分这些情节发生的时间节点先后、主动被动、彻底的程度以设置各自不同程度的从轻幅度。同时,对于实行终了前认罪、诉前认罪、主动认罪、彻底认罪的,还可以设定最低从轻处罚的比例。

最后,对于认罪认罚的犯罪嫌疑人,在认罪基础上再给予更进一步的从宽幅度。在认罪的基础上,对于认罚的行为人,对其所具有的认罚量刑情节规定一定幅度的从轻。对于同时具有实行终了前认罪、诉前认罪、主动认罪、彻底认罪一种或数种情节的,可同时规定行为人所具有的认罚情节的最大从轻处罚的幅度。

(三)探索认罪认罚案件终结刑事诉讼程序的方式

刑事诉讼中,程序终止表现为侦查阶段的撤销案件、审查起诉阶段的不起诉。“两高三部”《试点办法》第 9 条和第 13 条第 1 款规定了基于犯罪嫌疑人重大立功或者案件涉及国家重大利益而需要撤销案件、不起诉的情形。除此之外,我们认为,认罪认罚从宽制度的落实,在侦查阶段仍可体现为对部分案件的撤销案件;在审查起诉阶段表现为大胆适用相对不起诉。其中对于可以向人民法院提起自诉,也可以要求公安机关立案侦查的所谓“民转刑”的案件(如故意伤害轻伤害案件),在侦查阶段符合一定条件,包括情节轻微、行为人认罪认罚、对被害人进行赔偿并取得谅解、被害人对撤销案件没有异议的,可以在侦查阶段撤销案件。对于相对不起诉,以往检察机关采取了非常审慎的态度,设定了严格的程序,导致很多可诉可不诉的案件最终提起公诉,使一些犯罪嫌疑人反而丧失了真正意义上“从宽”处理的机会。然而,加大相对不起诉的适用力度,首要解决的是如何确保不起诉标准统一、避免选择性司法的问题。我们发现,不同区域的刑事案件法案特点不同,对于不起诉的标准也不能“一刀切”。比较合理的做法是试点城市出台常见罪名适用相对不起诉的指导标准,各基层检察机关再行根据各自情况进行细化。细化的前提,必须是以对本辖区内常见案件的常见量刑情节、裁判结果等进行梳理,掌握办案为前提。

(四)加强律师参与程度,提升犯罪嫌疑人、被告人的对抗能力

检察官应当向犯罪嫌疑人充分展示获得法律帮助的益处,同时为犯罪嫌疑人便捷地获得法律帮助提供便利,增加犯罪嫌疑人获得法律帮助的愿望。协商司法局在检察机关设立法律援助工作站,定期指派律师提供法律帮助。检察机关积极为律师提供法律帮助创造条件。律师提供优质法律帮助的前提条件是律师熟知案件的事实和证据。因此,检察机关应当通过为律师提供电子卷宗等形式,为法律帮助律师开展工作创造条件。值得一提的是,律师应当独立为犯罪嫌疑人提供法律帮助,检察官不应在场。当然,力度最大的措施自然是扩大法律援助范围。将为认罪认罚的犯罪嫌疑人提供法律帮助纳入法律援助工作中,增拨经费投入,加强律师

管理，增强法律帮助律师在诉讼中对当事人权益保护的关注程度，提升法律帮助的实际效果。

（五）探索不同程序案件审查起诉办案工作机制

面对形形色色的刑事案件，单一的审查起诉模式不利于将有限的司法资源更多地投入到疑难复杂案件中去，不利于实现简案快办、疑案精办的目标。因此，我们认为不同案件应适用不同的审查起诉模式，主要可以概括为集约式、集中式、常规式、精审式，分别对应速裁案件、认罪认罚简易程序案件、简易程序和认罪认罚普通程序案件、普通程序案件。

对于犯罪嫌疑人认罪且又表示愿意接受司法机关处理的，案件受理时，协调公安机关对于符合认罪认罚条件的案件快速侦查终结，批量移送，集中受理。公诉部门开展专业化分组办案，承办人听取被害人、辩护人的意见，依案情制作表格式审查报告或简化式审查报告，撰写起诉书、量刑建议书。必要时向犯罪嫌疑人居住地司法局发出委托调查函。定期、集中对犯罪嫌疑人告知、讯问、具结。其中，对速裁案件实现集约办理，同时传讯多名犯罪嫌疑人至专门讯问室，书记员统一送达文书；检察官借助多媒体技术，同时告知犯罪嫌疑人权利、速裁事项、进行法制教育。犯罪嫌疑人填写法律监督核查表、区分条件要求犯罪嫌疑人亲笔书写供词或被单独讯问。

（责任编辑：曹红虹）

【权利保障】

以权利保障为内在价值的认罪认罚从宽制度改革论纲*

胡保钢　李　杨　侯东亮**

目　次

* 本文系2017年最高人民检察院检察理论课题,《检察机关开展认罪认罚从宽制度改革实证研究》阶段性成果。课题号码:[GJ2017D03]。

** 胡保钢,河南省人民检察院副检察长;李杨,河南省人民检察院公诉一处处长;侯东亮,河南省人民检察院公诉一处副处长,副教授、法学博士。

（二）发展审前程序分流机制

五、结语

一、引言

完善认罪认罚从宽制度改革，是党的十八届四中全会部署的重大改革。自2016年9月第十二届全国人大常委会第二十二次会议通过《关于授权最高人民法院、最高人民检察院在部分地区开展刑事案件认罪认罚从宽制度试点工作的决定》和最高人民法院、最高人民检察院、公安部、国家安全部、司法部联合发布《关于在部分地区开展刑事案件认罪认罚从宽制度试点工作的办法》（以下简称《试点办法》）以来，18个试点地区在党委政法委的统一领导下，稳步推进相关制度改革，并在依法及时惩罚犯罪、保障人权、优化司法资源配置、推进繁简分流、提升诉讼质量效率、完善多层次刑事诉讼程序体系等方面取得了明显成效。为有序推进试点工作，最高人民检察院（以下简称高检院）于2016年11月在南京召开会议对试点工作进行全面部署。随着试点工作的深入，高检院又于2017年9月在青岛召开会议，总结试点工作面临的新问题新情况，交流经验做法，深入推进工作开展。

认罪认罚从宽制度改革和以审判为中心的诉讼制度改革二者相衔接，共同构成了我国刑事诉讼制度改革的基本思路。从程序价值上看，以审判为中心的诉讼制度改革强调正当程序的审判，强调经由法庭审理实现事实认定和定罪量刑。认罪认罚从宽制度改革强调充分发挥检察机关审前过滤作用，推动刑事案件实现繁简分流。两项改革相得益彰、相互配合，共同建立繁繁简简、轻轻重重的新型诉讼制度。根据2016年11月检察机关刑事案件认罪认罚从宽制度试点工作会议精神，"认罪认罚从宽"相关刑事政策已经在试点工作中得到贯彻。部分试点地区进行了大胆的制度创新，一系列新的制度和程序得以成型，并在实践中得以运用和检验。我们有必要对此进行必要的梳理，对制度化的成果予以分析，为后续的法制化奠定基础。

刑事速裁程序试点工作以来，高检院多次重申“减程序不能减权利”，而基层检察机关试点工作更多强调诉讼效率价值，认罪认罚从宽制度改革进而形成认罪协商、集中办案机制等具体制度，诉讼效率显著提高。但随着试点工作的深入推进，要在加大改革力度积极扩大案件适用类型上下功夫，尤其要在重罪案件和特殊罪名的案件中探索适用认罪认罚从宽。从根本上而言，基于程序简化所带来的案件风险和被告人诉讼主体地位考量，我们应当继续坚持公正和效率这一对刑事诉讼制度改革的永恒主题，以权利保障为内在价值的认罪认罚从宽制度改革亟待成为后续改革的基础。

二、以效率为工具价值的制度改革

（一）制度改革成果的反思

世界各国司法规律表明，司法资源和正当程序之间存在一对紧张关系，普通程序的审理只能适用于范围较小的被告人不认罪的案件，快审程序应当是司法实践中的常态。否则，司法系统将不堪重负。与之相适应，认罪认罚从宽制度改革直指轻罪案件的数量居高不下与有限的司法资源之间的矛盾。特别是在员额制改革之后，这一矛盾的解决迫切需要制度上的突破。在实践中，全流程简化的刑事速裁程序在实践中得到推行，从审查起诉到法庭审理，整个刑事诉讼的结案周期得到大幅度缩短，检察机关审查起诉周期由过去的平均20天缩短至5天左右；法庭审理的时间被控制在10分钟左右，有的甚至只用区区5分钟时间；案件基本能够当庭宣判；上诉率、抗诉率不足2%。前期的试点工作已经取得了积极的社会效果和法律效果,[①]效率价值得到释放。

试点地区检察机关合理简化刑事诉讼程序,推进繁简分流,通过探索专业化的办案组织、“三集中”办案模式和刑拘直诉办案模式,大大提高了认罪认罚从宽制度改革专业化水平和实现诉讼效率的工具价值。同时,制度改革另辟蹊径,通过科技手段运用和“智慧公诉”,减少基层检察官办案“负担”,助推诉讼效率的提高。高检院还研发并上线运行检察机关统一业务应用系统认罪认罚模块,明确对审查报告等文书进行统一简化,力图减少办案过程中的程序负担。

甚至有论者提出,“将效率作为刑事速裁程序建构的根本价值取向,而不应当赋予刑事速裁程序以其他的价值诉求;否则,速裁程序的特点无法形成,司法资源的节约也难以形成”。[②] 但问题是,效率导向的限度在哪里。一味地以诉讼效率为导向推进制度改革,难免陷入新的困境。如何回应实践中的诸多“主张”?比如,针对庭审的高度简化和普遍存在的值班律师有效辩护问题,导致实践中提出了刑事速裁案件书面审理方式和一审终审的所谓“改革主张”。有论者主张在制度改革中,“刑事速裁程序中要坚守四个基本底线:一是被告人认罪认罚;二是被告人同意适用刑事速裁程序;三是对被告人从轻或减轻处罚;四是保持控、辩、裁的基本程序构造”。[③]

(二)程序改革经验的反思

“根据社会科学的基本准则,对那些尚未发生的事实进行研

---

① 参见沙雪良:《18市拟试点认罪认罚从宽制度》,载《京华时报》2016年8月30日。

② 汪建成:《以效率为价值导向的刑事速裁程序论纲》,载《政法论坛》2016年第1期。

③ 汪建成:《以效率为价值导向的刑事速裁程序论纲》,载《政法论坛》2016年第1期。

究,总是充满风险性和不确定性,所得出的结论也往往难以经得起检验,所谓认罪认罚从宽的改革设想,最好还是等这一制度推行一段时间后再行观察和评估。"[①]但二十多年以来,我们持续推行的刑事诉讼程序效率化改革一直沿袭着简化庭审程序的思路。从被告人认罪的普通程序简化审、简易程序,到刑事速裁程序改革,再到认罪认罚从宽制度改革建构普通程序、简易程序和刑事速裁程序有机衔接、多元化的诉讼体系。

从司法实践来看,"二八定理"[②]长期存在,80%左右的案件都应当适用简易程序和刑事速裁程序,此种程序形态以诉讼效率为目标,庭审程序大大简化,甚至取消了法庭调查和法庭辩论;刑事速裁案件庭审时间甚至减少到不足5分钟,而普通程序的庭审时间仍然延续着庭审耗时不足50分钟的"传统"。简案快办使基层司法机关感受制度改革的便利和高效。但简易程序"不简易"、普通程序"不普通"的痼疾依然存在,普通程序围绕正当程序、庭审实质化的改革仍在发展当中。从比较法的角度来看,我国刑事诉讼的效率已经很高,认罪认罚从宽制度改革也往往在简化程序方面不断切入。我们应当明确,效率价值只是认罪认罚从宽制度改革工具价值或实现手段。过于追求诉讼效率,流于形式的庭审难免面临正当性的追问。

实际上,职权主义诉讼模式、法律文书的内部审批程序、公检法内部不同部门重复审查机制才是下一步提升诉讼效率的着力点。根据有关数据,试点地区适用认罪认罚从宽制度提起公诉的案件占同期起诉案件总数约30%。同时,认罪认罚从宽制度的适用案件类型和范围相对狭窄。多元化的刑事诉讼程序体系尽管初见成效,但包括刑事速裁程序、简易程序等在内的快审程序程序功

① 陈瑞华《认罪认罚从宽改革的理论反思》,载《当代法学》2016年第4期。

② 李本森:《法律中二八定理》,载《中国社会科学》2013年第3期。

能并没有充分释放。换言之,能够为司法实践“减负担”“提质效”“聚主业”的制度改革却在实践中面临适用率悬殊和适用范围狭窄的困局,显然诉讼程序同时的减少并不是问题的核心。

(三)准确、及时查明犯罪的反思

认罪认罚从宽制度改革有利于准确、及时查明犯罪事实。特别是国家安全、公共安全、经济领域犯罪及网络犯罪等新型犯罪案件不断增多,司法机关惩治犯罪、维护稳定压力增大。一些案件因为证据难以收集、固定,甚至有些案件证据收集程序存在瑕疵和违法,最终演化为全国关注的焦点案件,司法机关的公信力受到一定程度的损害。实行认罪认罚从宽制度,鼓励犯罪嫌疑人、被告人及早认罪认罚、如实供述,侦查机关能够及时收集、固定证据,尤其是收集、固定隐蔽性很强的证据或根据供述发现关键物证,能够及时查明犯罪事实、及时准确惩罚犯罪。“在坚守司法公正的前提下,探索在刑事诉讼中对被告人自愿认罪、自愿接受处罚、积极退赃退赔的、及时简化或终止诉讼的程序制度。”①很显然,这样做的前提就是司法公正,其限度就是犯罪嫌疑人、被告人权利保障,保障供述自愿性,保障辩护权实现,有效防范非法取证、刑讯逼供,确保无罪的人不受刑事追究。

“公正优先、兼顾效率”强调了公正是司法的生命线。就二者关系而言,公正的司法才是最有效率的,诉讼效率的提升应当以公正性保障为前提,因为不公正的裁判有导致错误的风险。因此,认罪认罚从宽制度改革切不可仅停留在简化庭审程序等技术层面上。如果制度改革仍然沿袭以效率为价值导向,如果制度改革不能回归到犯罪嫌疑人被告人权利保障、实现公正价值的轨道,认罪认罚从宽制度建构多元化的诉讼程序体系难以形成,制度改革终

① 孟建柱:《完善司法管理体制和司法权力运行机制》,载《人民日报》2014 年 11 月 7 日。

将难以为继。

三、以权利保障为内在价值的制度建构

程序法内在的价值是对人主体地位尊重,实现对犯罪嫌疑人、被告人的权利保障。回顾《刑事诉讼法》修改的历程,犯罪嫌疑人、被告人主体地位和权利保障应该获得了很大的改观。但基于侦查程序的秘密性,侦查阶段的权利保障仍有相当的空间。认罪认罚从宽制度改革实际上发挥了"倒逼功能"。当下认罪认罚从宽制度改革获得正当性的途径就是在推进效率化的诸多制度时,鼓励犯罪嫌疑人主动放弃对抗,控方获得有罪供述,保障认罪认罚的自愿性;诸如获得律师帮助、程序的选择权、全程录音录像等势必成为有效的制度设计。

(一)限制适用羁押性强制措施

刑事司法执掌国家的刑罚权,当然呈现压制性司法的一面。尽管在教科书的体例里,未决羁押具有预防性、暂时性、法定性的属性,但司法实践中强制措施惩罚性尤为明显,自由的剥夺和限制、狭小的空间、羁押场所"规训"无疑带有惩罚的意味。难怪有论者指出:"真正的惩罚是审前程序本身,这就是刑事被告人不愿意选择眼前的对抗解决方式。"①自刑事速裁程序试点工作以来,速裁程序案件适用羁押性强制措施的比例仍然较高,不少试点地区羁押性强制措施的适用比例甚至在60%左右。基于比例性原则,应当对犯罪嫌疑人慎用羁押性强制措施。不少试点地区创造性地发展出了刑拘直诉制度,北京、郑州等试点地区设置了"执法办案中心""一体化办案区",创设刑事速裁法庭,意味着在拘传、拘留的羁押期限内完成审查起诉、审判程序。以上举措可谓是刑事速裁程序试点工作以来的一大贡献,在一定程度上破解了"刑

① [美]马尔科姆·M.菲利:《程序即是惩罚——基层刑事法院的案件处理》,魏晓娜译,中国政法大学出版社2014年版,第230页。

期倒挂”的困局。

同时，在简易程序和刑事速裁程序中，基层检察机关积极探索非羁押性强制措施的运用和羁押性强制措施必要性审查。由于认罪认罚的案件中过失犯罪比较多，犯罪嫌疑人已经自愿认罪认罚，大体上不存在妨碍诉讼活动正常进行的可能性，基本上不存在对犯罪嫌疑人、被告人进行羁押的必要性。要更多适用非羁押性强制措施，减少审前羁押，及早把犯罪嫌疑人分流出诉讼程序，才能最大化地实现人权保障。

（二）着力保障犯罪嫌疑人、被告人辩护权实现

现代刑事司法文明理念表明，犯罪嫌疑人、被告人享有诉讼主体地位，其当然可以自愿选择程序角色，在实践中突出体现为诉讼参与权、程序选择权的行使。无论是大陆法系国家，还是英美法系国家，当事人作为诉讼主体，充分参与刑事诉讼均有诉讼制度的支持，辩诉交易制度、认罪协商程序、刑事和解制度的确立和发展便是例证。

犯罪嫌疑人一旦选择认罪认罚，意味着其放弃了无罪辩护的机会以及接受了诉讼权利的克减。前期试点的经验表明，通过压缩审判程序实现诉讼效率的目标基本得以实现。但如何保障犯罪嫌疑人、被告人认罪认罚的自愿性，核心在于确保犯罪嫌疑人、被告人获得及时、充分、有效的法律帮助。

就我国刑事辩护而言，只有30%的刑事案件委托了辩护人。[①]同时，刑事审判前程序中法律援助存在“二律背反”现象。立法的明确规定和理论视野的人权保障并没有带来刑事法律援助案件的激增，也没有改变被告人申请法律援助案件的低迷状态；尤其是审

① 参见左卫民：《认罪认罚何以从宽：误区与正解》，载《法学研究》2017年第3期。

前程序中律师辩护率提高幅度有限。[①] 认罪认罚从宽制度改革实践在一定程度上也印证了上述观点。由于司法统计问题，审前程序中律师辩护或值班律师提供法律帮助的数据较为缺乏，但实践中犯罪嫌疑人更倾向于通过认罪认罚直接与控方达成量刑协商。

自刑事速裁程序试点工作开展以来，相关的实施细则赋予人民法院、看守所、人民检察院协助司法行政部门的义务，不少地区法律援助机构逐步在人民法院、看守所、人民检察院派驻法律援助值班律师。但能否与犯罪嫌疑人形成法定的委托关系，是制约值班律师积极性的关键。同时，要尊重和保障值班律师和辩护律师依法享有会见权、阅卷权等合法权利，充分保障认罪认罚犯罪嫌疑人辩护权的实现。在实践中，律师介入较多的案件主要是被告人不认罪的案件；而在被告人认罪认罚的案件中，律师辩护率依然较低。试点工作中反映出的问题，主要是有效辩护问题。一些值班律师缺乏刑事辩护经验或执业年限较短，加之值班补贴费用低廉，导致值班律师缺乏积极性，这些问题的存在都使值班律师对于犯罪嫌疑人、被告人自愿性的保障问题产生了负面影响。因此，有必要对值班律师制度作出明确的规定，使其充分发挥有效辩护的功能，进一步保障认罪认罚从宽程序适用的公正性。

在此，有两个制度亟待生成：一是无效辩护可启动程序性制裁。司法实践中，我国鲜有因无效辩护而引发一审裁判无效的案例。可以对于何为“无效辩护”以及律师在执业过程中不作为和不当行为能否适用现行《刑事诉讼法》第227条，视为程序违法，启动程序性制裁的问题进行制度设计。二是探索建立值班律师转任指定辩护人机制，充分保障犯罪嫌疑人合法权利。

---

① 参见顾永忠、杨剑炜：《我国刑事法律援助的实施现状与对策建议》，载《法学杂志》2015年第4期。

四、理论突破

认罪认罚从宽制度改革是对我国宽严相济刑事政策的制度化,是我国长期与犯罪现象斗争的实践积累和中国方案。尽管借鉴了西方社会恢复性司法和辩诉交易制度有益因素,但其具有明显的中国特色。[①] 尽管前期的研究成果在认罪认罚从宽制度建构等方面取得了不少的成果,并就其可能存在的风险作出了翔实的论述,[②]但从根本上讲,认罪认罚从宽制度改革可在悄无声息中优化我国刑事诉讼结构,完善刑事诉讼程序,提升社会治理能力,而绝非单单一个速裁程序问题。其最直接的理论贡献在于充分保障犯罪嫌疑人、被告人获得诉讼主体地位,享有律师帮助的权利,并通过多层次诉讼程序体系,形成新型的侦检、检律、法检关系。曹建明检察长指出,“我们以钉钉子的精神狠抓党中央关于司法体制改革各项部署的落实,全国检察机关司法改革向深层次迈进”“积极推进以审判为中心的刑事诉讼制度改革,充分发挥审前主导和过滤作用”。

(一)检察机关主导认罪协商

认罪认罚从宽制度改革试点工作中最直接的变化是审前程序在整个诉讼程序中耗时最多[③],检察机关成为推动审前程序的核心主体。在充分听取犯罪嫌疑人、被告人和被害人的意见并保障其权利的基础上,犯罪嫌疑人、被告人认罪认罚,并签署具结书,检察机关提出从宽的量刑建议,由法院予以确认,形成一种控、辩、审之间良性互动的关系。有数据显示,极高的量刑建议采纳率体现

---

① 参见陈光中、唐彬彬:《深化司法改革与刑事诉讼法修改的若干重大问题探讨》,载《比较法研究》2016 年第 6 期。

② 参见陈卫东:《认罪认罚从宽制度研究》,载《中国法学》2016 年第 2 期;陈瑞华:《认罪认罚从宽制度的若干争议问题》,载《中国法学》2017 年第 1 期。

③ 参见徐美君:《刑事诉讼普通程序简化审实证研究》,载《现代法学》2007 年第 2 期。

了检察机关在推动被告人/辩护律师、检察官和法官之间形成共识发挥了积极作用,主导了认罪协商。

为防止控诉风险的发生,检察机关应当贯彻认罪认罚从宽制度改革精神,利用其在诉讼程序中独特地位,充分保障值班律师制度和法律援助制度的实现。具体表现如下:首先,根据法定情节和量刑情节设定,在充分听取被告人或者被告人辩护律师的意见的基础上,检察官提出量刑建议,并主导具结程序;其次,检察官在开庭前和法官进行积极协商。

由于认罪认罚从宽制度的认罪协商完全迥异于对抗式的法庭审理,其具有独有特征:一是法庭审理从案件是否有罪的实体事实转向了控辩双方的协商事实。即在被告人认罪认罚的自愿性上,法庭需要重点审查被告人是否具备认罪认罚的认知能力、被告人认罪认罚的环境因素。二是在审理模式上,由对抗式庭审格局演变为协商式庭审。根据《试点办法》的精神,法庭审查的对象应当是被告人认罪的自愿性和合法性。因此,检察机关主持具结书的签署,并提出从宽的量刑建议,值班律师或辩护人参与案件量刑协商,律师辩护在此不再是对抗式辩护,更多情形下体现为交涉性辩护。检法之间体现为协商型诉讼关系。至此,检察官主导认罪协商模式,并与法官对量刑意见进行沟通与协商。当然,从认罪协商的内容来看,罪名和基本事实都不属于协商的内容;而协商的更多是控方基于被告人的认罪协商承诺书向法院提出从轻、减刑处罚的量刑建议。

(二)发展审前程序分流机制

在传统的侦查—起诉—审判的流水作业模式中,公诉环节扮演的更多是案件"引流渠"角色。刑事案件认罪认罚从宽制度改革的根本所在不仅体现了审判程序的"当繁则繁、当简则简",而且应当发挥"分流渠"的作用,着重建立审前分流程序。换言之,司法个案并不必然要一律走到法院开庭审判,而是通过审查起诉环节不起诉裁量权的运用,实现审前程序分流案件的作用。

一是依法用好特殊案件不起诉裁量权。《试点办法》规定"具有法律规定适用不起诉情形,应当依照法律规定办理。"同时,还规定了特殊情形下的不起诉裁量权。犯罪嫌疑人在自愿认罪,有重大立功或案件涉及国家重大利益的,经最高人民检察院批准,人民检察院可以作出不起诉决定,也可以对涉嫌数罪中的一项或多项提出公诉。这是一项制度性的突破,应当对此问题做好研究和试点。

二是积极适用相对不起诉。在司法改革不断推进的背景之下,检察机关应当梳理检察官权力清单、完善司法责任制,积极探索不起诉裁量权在认罪认罚从宽制度中的适用。司法经验表明,相对不起诉率基本维持在2%左右。究其原因,受传统思维、司法环境、程序设置、业务考评等多重因素影响,部分公诉部门领导怕议论、怕担责,案件承办人怕麻烦、怕评查,不敢轻易适用相对不起诉。发挥好相对不起诉的"调节阀"作用,首先要解决观念问题,进一步更新司法理念,消除内部的自我限制和自我障碍。其次要解决规范问题,绝不能滥用。可以探索对轻微刑事案件进行起诉必要性评估,同时要引入公开审查机制,邀请人民监督员参与听证,从程序上解脱公诉人,在审查起诉阶段充分实现分流案件的功能。

根据试点工作情况,认罪认罚案件中适用不起诉处理的案件仅为5%左右,而法院判处缓刑的案件几乎占比40%。由此表明,不起诉审前分流功能没有充分发挥。实际上,现行《刑事诉讼法》针对相对不起诉的规定属于准用性规范,需要援引《刑法》的明确规定才具备适用条件。经粗略统计,《刑法》总则和分则当中表述为"可以免除处罚"的规定极其有限,而且没有给司法人员预留自由裁量的空间,导致相对不起诉案件审前分流不畅。根据有关会议精神,试点地区检察机关应当加强对量刑结果的研判,对法院可能判处免刑或者单处罚金的轻微案件,依法作出不起诉决定,疏通“分流渠”,使其真正发挥作用。

五、结语

认罪认罚从宽制度改革绝非仅以诉讼效率为价值导向,但目前更多智力成果倾注到程序法改革范畴,甚至直接套用对策法学成果,主张借鉴辩诉交易制度,构建更为经济、简化的程序机制。实际上,诉讼效率价值只是认罪认罚从宽制度改革工具价值的改革取向,应对的是“案多人少”的司法现状。但提醒注意的是,效率价值导向的刑事程序改革可能导致改革困局,因为我们现实的司法面孔是探知主义司法、权力运作型司法;真正问题不是诉讼效率不高,恰恰相反,我国刑事审判程序已经相当简化。因此,完善认罪认罚从宽制度本质上应当遵循权利保障的内在价值,突出司法公正价值,从实体法和程序法角度上加强权利保障制度设计真正落到实处。

尤其是,认罪认罚从宽制度改革试点工作已经过半,未来试点制度法制化势必提上日程,未来的着力点应当放在构建和完善权利供给的各项制度。具体而言,要积极探索非羁押性强制措施的运用和羁押性强制措施必要性审查,减少审前羁押,及早把犯罪嫌疑人分流出诉讼程序;保障犯罪嫌疑人、被告人认罪认罚的自愿性的核心就在于确保犯罪嫌疑人、被告人获得及时、充分、有效的法律帮助,完善律师值班制度,发展可资借鉴的有效辩护标准。

同时,培育和发展以权利保障为制度改革“底色”的理论创新。充分发挥检察机关在认罪协商司法模式中的作用,形成新型的侦检、检律、法检关系。充分发挥检察机关审前主导作用,充分释放出不起诉制度的程序分流和过滤作用。

（责任编辑:曹红虹）

认罪认罚自愿性保障机制及立法意见建议

王新环*

目　次

* 王新环,法学博士,全国检察业务专家,北京市人民检察院检委会专职委员兼刑事审判监督部主任。

（三）提高律师参与的充分性与有效性
（四）强化法官庭审中对认罪认罚自愿性、真实性的保障功能
（五）确认和强化量刑协商的意义、作用和内容
（六）确立严格条件下的被告人上诉限制原则

确保犯罪嫌疑人、被告人认罪认罚的自愿性、合法性，防止出现无辜者被迫认罪导致司法误判的情形，是认罪认罚从宽制度运行中容易引起质疑，也是实验性改革中最令人忧念的实践问题。要想研究好、解决好这个问题，必须充分理解自愿性、合法性供述在认罪认罚从宽制度中的内涵及其重要价值，在认真解析影响自愿性供述的诸多因素的基础上，结合我国司法实务，对认罪认罚自愿性、合法性的保障机制提出完善意见和建议。

一、自愿性、合法性供述的内涵和重要价值

任意性供述并不仅指单个证据种类意义，而且关乎建构整个证据体系的价值，在认罪认罚从宽处理中具有基础性功用；可以说，能否确保供述确系自愿性作出是关系到此项改革能否成功的最为关键的根本性因素。犯罪嫌疑人、被告人一般都会有以合作换取刑罚从轻、减轻结果的意愿，因此自愿性显得异常重要。自愿性的内涵包括三个方面：一是从基本语义角度，认罪是指出于自由意志而非外力强迫作出的选择，指“如实供述（坦白、自愿）自己所犯罪行，对指控的犯罪事实没有异议的”。英美法系有罪答辩是指“在公开法庭上，对公诉书中犯罪指控的承认”，是对指控罪名的正式承认，法律允许被告人在作有罪答辩的同时，拒绝承认自己实施了被指控的犯罪行为并坚称自己是无辜的。认罚是自愿承担刑罚，而非自愿进行经济赔偿，但实践中对于有被害人的案件往往包括认赔的民事内容。二是基于自愿的“同意量刑建议，签署具结书”。具结书中可以有实体权和程序权（包括认罪、认罚，程序

选择、上诉权放弃)的内容,具结书应当包括具有法官制作判决所需要的基本事实要素甚至法律要素。

刑事速裁程序和认罪认罚从宽制度都是建立在犯罪嫌疑人、被告人的自愿认罪和真诚悔罪的基础之上,自愿性在很大程度上对其实体和程序权利进行了一定处分,最终影响了诉讼活动和诉讼结果,因此供述的自愿性和合法性问题显得尤为重要和突出:(1)认罪认罚中的自愿性与犯罪嫌疑人是否享有任意性供述权存在密切联系,彰显了口供真实性、合法性在证据体系中的重要作用。在认罪认罚从宽制度改革中,进一步强调供述自愿性的重要性,进而构建相应的保障机制,对于完善我国刑事证据规则体系具有重要意义。伴随着认罪认罚从宽制度的全面推进以及将来可能从改革试点转为我国一项基本法律制度的愿景,确保认罪认罚自愿性、合法性的重要性将更为凸显;从犯罪嫌疑人、被告人诉讼权利体系构建的层面上来讲,建立任意性自白规则是一个不容回避的重要理论问题和重大现实问题。(2)认罪认罚中的自愿性是达到我国《刑事诉讼法》规定的"事实清楚,证据确实、充分"证明标准中"充分性"要求的重要条件。在我国,公民不能通过放弃个人宪法基本权利而处分司法处遇,司法机关也有义务在查明事实的基础上给予当事人公正的审查结果。因此,认罪认罚并不能免除司法机关的职责义务,认定案件事实的证明标准仍然是统一的,但犯罪嫌疑人、被告人的意思自治可以在一定程度上选择适用的法律程序。而且,一般来说,这种自愿性要优于处于被动地位的讯问,司法机关更倾向于采信自愿认罪供述,其对于案件事实的证明更充分、全面,证明的效力也更强。(3)认罪认罚中的自愿性具有实体和程序的双重价值。从实体角度来看,犯罪嫌疑人、被告人如实、自愿供述犯罪情况,配合司法机关及时查明案件事实、收集客观证据,对其本人来说,也是对诉讼权利的一种处分或行使,相应获得了从宽处理的实体利益;从程序角度来看,自愿、如实供述启动了从简从快的程序和案件处理机制,促进实现繁简分流、优化司法资源配置,对犯罪嫌疑人被告人本人来说,则获得了速审权,可以尽快结束苦涩诉讼的程序性收益。而且,犯罪嫌疑人、被告人自愿认罪认罚对于罪犯矫治、化解社会对立与修复社会关系还具有"外溢"效果,一些国家通过立法进行减刑折扣实际上也是在制度上鼓励自愿真实认罪形成国家与个人之间的刑罚合意。最为重要的是犯罪嫌疑人、被告人清楚地知悉认罪、认罚(包括认赔)所带来的诉讼后果。

二、影响认罪认罚自愿性、合法性的因素

影响自愿性、合法性的因素有很多,如不当外界压力下的被迫供述、审前羁押产生的身心压迫、无法律根据的轻量刑优惠承诺、被告人的重大误解、律师的无效法律帮助等。如果以犯罪嫌疑人、被告人为基点,从大的视角来说,可分为内部因素即犯罪嫌疑人、被告人本身享有的诉讼权利不尽全面、完善,以及外部因素即各项司法权力间的制约乃至外部监督机制尚未健全完善两个方面,具体可细分为以下几个因素。

(一)控辩双方的地位差异

刑事追诉是由国家设立的侦查机关和检察机关及其执法人员对个体发动、推动的犯罪控告,检察官可以依法强制搜取证据,并以被告人的供述作为指控的依据,公安检察机关与被追诉者之间具有实质的不平等性。我国现行《刑事诉讼法》吸收了大量当事人主义的做法,强化了控辩双方的诉讼职能,使之趋于形式平等或对等;特别是在庭审中基本采用了对抗制的审理方式。但在很多方面,如证据地位,包括但不限于取证、调查、质证等程序,以及自由裁量权的行使,如采取何种刑事强制措施、是否建议从轻减轻处罚等,仍存在诸多不对等情形,处于优势地位的控方对犯罪嫌疑人的实体和程序上的处遇均能够施加强有力的影响。

（二）羁押对生理、心理状态的巨大影响

与很多西方国家不同的是，我国刑事诉讼程序中犯罪嫌疑人审前羁押是常态。羁押并非仅仅是为保障诉讼和防止再犯罪的发生，羁押也存在收集证据包括方便提取口供的目的，“以捕代侦”大行其道，都有收取控方证据的实质功能。羁押令人身体被束缚，身体不自由则意志很难自由自愿。审前羁押“悬而未决”的状态，严重影响被羁押人的生理健康、心理预期和分析判断能力。

（三）侦查权的内在运行逻辑有其特殊性

侦查性措施和强制手段具有较强的封闭性、制约的内部性和权力扩张（包括滥用）的可能性。如同有些学者所说的，刑事侦讯的强迫性与生俱来，压迫被问人“说别人希望听到的”并不是件困难的事情。对口供的过度依赖和讯问程序的强势利用，一度使“由供到证”的办案模式成为主流，并在一定条件下滋生了使用刑讯逼供等非法方法迫使被追诉人违背意愿提供口供的现象。尽管我国《刑事诉讼法》规定，侦查、检察和审判机关是分工负责、相互配合与相互制约的关系，但侦查程序是一个相对闭环的程序，外部制约和监督往往是滞后、流于形式或无效的，接续下来的审查起诉程序中，检察官缺少发现、识别和阻止违反强迫逼取口供的有效途径，侦查人员制作卷宗里的书面讯问笔录、具结书、自白书就很难再对自愿性真实性提出挑战甚至推翻。

（四）缺乏充分有效的律师帮助

鉴于犯罪嫌疑人、被告人被追诉的弱势地位、法律专业的缺乏、对承认诉讼后果的理解不足等特点，需要与专门维权的律师进行全面咨询、讨论，需要律师在场甚至与控方重要证人对质；没有律师提供全面、及时、有效的法律帮助，被告人很难作出理性、专业的量刑协商。北京因地缘优势占据优厚的法律服务资源，但作为值班律师制度推行较早、较规范的省市，其目前仍未完全落实律师介入全覆盖，各地区工作开展也不均衡；个别区院协调司法局在检察机关设置派驻点,但相当数量的取保候审案件缺乏律师介入;值班律师与法律援助机构指派律师相对分离、衔接不畅,享有的诉讼权利有限,值班律师进入羁押监区仍然存在障碍,北京市会签的实施细则进一步赋予了值班律师可以查阅、摘抄、复制卷宗材料的权利,为其了解案件情况、提高法律帮助的有效性提供了有利条件,但对于解决上述制度障碍的效果并不理想。

三、对相关问题的思考及对修改《刑事诉讼法》和完善试点制度的意见建议

司法是一种沿袭传统的力量,而不是一种建构设计的想象,认罪、认罚、认赔与从宽,是具有多变量因素的综合博弈。认罪认罚从宽制度的实现具有双向互动的属性。司法中施加一个变量,会影响系统环境,使当初设计的初始条件发生偏离,最终导致整个改革方案产生有悖初衷、令人失望的结果。认罪认罚从宽制度的实施主要在检察环节,为了避免出现根本性的司法误判,检察官要在程序中的每一环节都要确保诉讼规则以及被告人权利的实现,审查侦查是否遵守了法律,程序中是否保证自愿性权利的实现。检察官的责任更大,因为检察官要决定程序分流,决定诉与不诉以及审判程序的繁简走向,并向法院提供证据及其诉讼信息,否则会导致无效诉讼。认罪认罚从宽制度是我国政策法治化或法治政策化的体现,在实施过程中,有必要强化政策指导,健全完善认罪认罚的自愿性、合法性保障机制。建议从犯罪嫌疑人、被告人的权利(right)保障和公权力(power)的制约/制衡机制两方面入手:一方面,赋予犯罪嫌疑人、被告人全面充分的诉讼权利,通过构建诉讼权利体系来保障供述的自愿性、合法性,自主决定是否认罪认罚,从这一点上说,这是一种防御权;另一方面,加大对于外部权力的制衡,核心在于规范权力行使的条件、程序、方式,并通过其他主体对于权力行使的过程予以制约或监督,避免权力滥用,保障权力相对人的合法权利,从某种意义上说,这是一种动态的权力制衡状态。无论是从哪一方面入手,均需健全完善相应的配套或保障机制,建议下一阶段可以考虑在以下几个方面,加强研究和落实的力度。

（一）赋予认罪认罚在量刑上的独立价值或厘清其与其他法定、酌定从宽情节的关系

目前基层院反映比较集中的问题是:认罪认罚从宽制度与现有从宽处理制度、量刑情节的关系,即犯罪嫌疑人、被告人自愿适用试点制度是否具有独立的量刑价值和意义,是在人民法院量刑规范化细则的基础上可以继续从宽,还是要严格按照法定情节、酌定情节从宽。一方面,这是实践中检法对于量刑存在不同意见的原因之一。另一方面,不解决这个问题,就无法给予认罪认罚的犯罪嫌疑人、被告人足够的内心确信和动力,无法提高"从宽"后果的明确性。

（二）速裁和认罪认罚的实施中,检察官具有灵活性和自主空间

量刑建议需要检察官与被告人及其律师、被害人等良性互动、交换意见和自主协商,并签署具结书。检察官希望具结书对被告人具有约束力,一审判决即告结案。为此,检察官应确保被告人知道指控罪名、遭受的处罚以及放弃上诉权利的自愿性。最后的保障是法官,法官应重点审查认罪认罚是否为被告人的真实意愿,从宽量刑幅度是否合法、合规;必须完善具结书签署后的救济途径,但在诉讼的早期(审前程序)建立保障措施会更有效地避免冤错案件,既公正又有效率。具结书不能只是概括性认罚意愿,要有明确具体的内容,有被法院判决所涉及的实体权利和程序权利的各项内容。与此同时,尊重犯罪嫌疑人、被告人的程序选择权,完善配套程序。司法办案人员必须认识到,犯罪嫌疑人、被告人的认罪认罚并非不可撤回,应建立相应的反悔程序或回转机制,例如,速裁程序的被告人在法院判决前否认指控的,检察机关应及时建议

法院转为普通程序审理;此外,被告人与辩护律师在是否认罪认罚、量刑幅度和程序适用方面产生异议的,应以被告人的选择作为最终标准。

(三)提高律师参与的充分性与有效性

获得有效的法律帮助是认罪认罚程序合法性的前提,也是促进犯罪嫌疑人、被告人正确理解认罪认罚的实体和程序意义的基础条件。一是看守所应为律师介入提供便利条件,"监区安全"应通过完善制度加以保障。二是强化值班律师派驻检察机关机制,满足取保候审案件办案需要,实现律师帮助全覆盖,以在北京、上海、浙江等8个省市试点刑事案件审判阶段的律师辩护全覆盖为契机,在立法上确立刑事案件强制辩护制度。三是探索推行值班律师"辩护人化",研究建立值班律师与法律援助律师全流程法律帮助工作机制。值班律师经法律援助中心确认后,即行担任同案出庭律师、法律援助律师,具体开展提供咨询、参与签署具结书、协商确认量刑建议、查阅卷宗、出席法庭等工作。四是强化各政法机关之间的衔接配合,一方面为律师工作提供保障和便利条件,另一方面建立定期沟通和情况通报机制,对值班律师服务的频次、质量、工作态度等内容进行信息共享,必要时开展律师培训;从而实现在控辩双方平等对抗的两造格局中彰显公平正义的法治精神与程序正义原则的具体落实。律师参与是办理认罪认罚案件的必要条件,但并不是保障供述自愿性的唯一途径。同步录音录像可以全面、客观反映侦讯人员在讯问室中与被讯问人接触、互动的情况,具有证据固定和过程监控的双重功能。通过加强科技信息手段,对犯罪嫌疑人接受讯问、了解认罪认罚从宽制度的含义和法律后果以及签署具结书等诉讼流程,进行全程同步录音录像,也能在很大程度上实现规范办案程序、确保认罪认罚自愿性的效果。

(四)强化法官庭审中对认罪认罚自愿性、真实性的保障功能

供述的自愿性和合法性问题与犯罪嫌疑人是否享有任意性供

述权存在密切联系，彰显了口供真实性、合法性在证据体系中的重要作用。供述的自愿性审查是法官在办案工作中审查判断的常规内容。非法证据排除规则均可适用于对于供述自愿性的审查。在试点改革中，由于犯罪嫌疑人、被告人的供述既涉及对于犯罪事实的承认，也包括对于检察机关建议的刑罚种类、幅度和执行方式的"一揽子"接受，因此，自愿性审查的范围应更宽，尺度也更严。目前制度建设中仅通过"告知""听取意见"等要求进行了简单的程序化规定，尚未建立对于供述自愿性、真实性的审查判断机制和规则，建议从告知义务的全面严格履行、强化对侦查阶段的口供自愿性审查、证据开示、教育转化工作、提升法庭审理中合法性审查的有效性（庭前答辩程序）等方面，建立系统化的解决方案。例如，侦查阶段犯罪嫌疑人认罪认罚的，案件移送审查起诉后，人民检察院经审查，犯罪嫌疑人违背意愿认罪认罚的，其认罪认罚的供述应当不予采信；又如，法院二审程序重点审查被告人一审时认罪认罚的自愿性、合法性；探索建立认罪认罚自愿性存疑情形下的复核机制；等等。

（五）确认和强化量刑协商的意义、作用和内容

量刑协商在试点初期的官方文件中并未提及，但在理论研究和司法实践中是无法回避的问题。目前量刑协商的形式意义大于实质内容，同时受法院采纳量刑协商结果不确定的影响，律师的积极性和参与协商的深度有限。可以考虑从两方面强化：一是扩大协商的范围，如除了刑罚处罚方式之外，可以考虑对于嫌疑人认罪认罚的同种多笔犯罪事实，确认性质较重、金额较大的犯罪事实，减少性质较轻、金额较小或独立无法入罪的犯罪事实，提高认罪认罚的积极性和持续性；二是对于检察官与辩护方协商确认的量刑建议内容或幅度区间，法院审理期间事实情节又没有发生变化的，人民法院一般应予采纳，提升对于协商内容的稳定性预期。

（六）确立严格条件下的被告人上诉限制原则

在实践中，被告人在一审判决后仍会以量刑过重提出上诉的情形，这里涉及具结书的内容及效力、上诉权利的保障等问题。因自愿签署具结书后获得从宽（或解除羁押，或从轻判决）处理结果这种诉讼利益后，被告人因上诉不加刑再行上诉，这里存在认罪认罚从宽制度与上诉不加刑之间的某种“违和”。如果承认上诉不加刑制度的合理性，那么就没有理由谴责被告人以无正当理由上诉的做法，他只是合理地利用了规则，也是行使法律赋予他的重要的诉权；如果认为他这种先把认罪认罚从宽当作策略，再行上诉意欲获得再次利益的方式是无理由翻悔违反诚信的、有问题的，就必然要承认出于确系自愿认罚后却又以量刑过重提出无正当理由上诉有问题。是否对上诉权进行限制，实践中存在以下两种不同意见。我们认为，被告人可以依法提出上诉并获得审理，同时在保障被告人认罪认罚的自愿性、真实性的前提下，对被告人的上诉权进行合理限制（或称为有限的上诉审理程序）。

具体来说，首先，应确立两个原则：一是被告人依法提出上诉的权利，即“提出权”不受限制，对其上诉理由也不应予以限制；二是一审法院认定的犯罪事实以及所适用的罪名，通常不应成为二审法院审理的内容。其次，二审法院受理后，应首先对被告人认罪认罚的自愿性、真实性进行审查，对此存疑的，发回原审法院适用普通程序审理；如果被告人反悔不认罪、且对案件事实证据认定产生一定影响的，同样应发回原审法院适用普通程序审理；如果被告人仅对量刑或判决其他部分内容上诉，二审法院应重点审查一审法院量刑的实质合理性和程序公正性等问题，经审查认为量刑适当、程序合法的，裁定驳回上诉、维持原判。当然也可以在具结书中有明确的上诉权的放弃内容，顺此在司法复审中，上级法院审查发现被告人的上诉没有独立的上诉理由时予以驳回。我们曾对上诉情况进行调研，仅有7%的上诉人是真正意义上的“反悔”，大多数是不认罚，只有个别在事实和罪名上有异议，没有出现改判判决。如果对被告人对“从宽”后果的预期加强正确引导，使其对权利放弃的后果有一个清晰、明确且自我认可的认识，这一部分实质意义的反悔上诉数据将下降。因此，从实践情况来看，在保障被告人认罪认罚的自愿性、真实性的前提下，对被告人的上诉权进行合理限制是可行的。

（责任编辑：齐　涛）

律师在认罪认罚从宽制度中的定位与功能

陈晓华　刘国媛*

目　次

认罪认罚从宽制度改革,旨在通过实体从宽、程序从简的机制鼓励犯罪嫌疑人、被告人主动认罪认罚,以提升司法效率,节约司法成本,减少社会对抗,恢复社会关系。该制度以犯罪嫌疑人、被告人自愿认罪认罚为前提,要保证认罪认罚的自愿性与真实性,离不开律师的介入并为犯罪嫌疑人、被告人提供有效的法律帮助。律师对于认罪认罚从宽制度的顺利实施起着至关重要的作用。然而,律师在认罪认罚从宽案件中应该如何定位,发挥什么作用,权限范围如何界定等,是当前该项制度试点工作中呈现出来的亟须

* 陈晓华,湖北省武汉市人民检察院副检察长,法学博士;刘国媛,湖北省武汉市人民检察院法律政策研究室主任,法学博士,全国检察理论研究人才。

厘清的问题。本文中，笔者将结合实践对以上问题展开探讨。

一、律师介入：认罪认罚从宽制度的正当性基础

认罪认罚从宽制度得以实施的前提条件就是犯罪嫌疑人、被告人自愿如实供述自己的罪行，对指控的犯罪事实没有异议且同意量刑建议，①而认罪认罚必须是出于犯罪嫌疑人、被告人自愿真实的意思表示，否则，司法的公正性就无从体现，以牺牲公正为代价的效率不仅失去意义，还容易产生冤假错案。在刑事诉讼中，相对于司法机关的强势，作为弱势一方的犯罪嫌疑人、被告人，要保障其正当权利的实现，保证其认罪认罚的自愿性和真实性，就需要律师的介入并提供有效帮助。

一方面，律师的有效参与是对犯罪嫌疑人、被告人认罪认罚的自愿性的保障。在刑事诉讼中，犯罪嫌疑人、被告人认罪认罚对于认定案件事实具有至关重要的作用，因此，司法办案人员往往都希望获取这一关键证据，容易引发诱供逼供等非法取证行为。而处于天然弱势地位的犯罪嫌疑人、被告人迫于司法办案人员的威慑，则有可能违背自身真实意愿而认罪认罚。律师的有效参与既可以对刑事司法活动形成监督和制约，同时，对犯罪嫌疑人、被告人也可以起到心理支撑作用，有利于保障犯罪嫌疑人、被告人在自愿的前提下作出是否认罪认罚的决定。另一方面，犯罪嫌疑人、被告人认罪认罚不仅是出于自愿，同时，还必须是基于客观理性的判断而作出决定。犯罪嫌疑人、被告人与司法办案人员对于案件信息的掌握往往是不对称的，而且绝大多数犯罪嫌疑人、被告人并不具备专业的法律知识。在这种情况下，犯罪嫌疑人、被告人对于自己是

---

① 最高人民法院、最高人民检察院、公安部、国家安全部、司法部《关于在部分地区开展刑事案件认罪认罚从宽制度试点工作的办法》第 1 条规定："犯罪嫌疑人、被告人自愿如实供述自己的罪行，对指控的犯罪事实没有异议，同意量刑建议，签署具结书的，可以依法从宽处理。"

否构成犯罪,构成何种犯罪,检察机关提出的量刑建议是否适当,适用何种程序最为有利等重要问题上,一般无法作出客观的判断。律师的参与,能够帮助犯罪嫌疑人、被告人正确了解认真认罚从宽的具体含义以及从宽处理的法律原则和底线,促成犯罪嫌疑人、被告人产生认罪认罚的积极性,并对从宽处理形成正确的心理预期,形成符合法律精神且相对客观的认罪认罚意愿。

此外,律师的参与也有助于检察机关与犯罪嫌疑人、被告人之间搭建起有效沟通的桥梁。刑事诉讼中,犯罪嫌疑人、被告人与检察机关之间的控辩对立关系,往往不易形成自然的信任与沟通,尤其是在认罪认罚问题上,如果欠缺信任与有效的沟通,不但难以达成一致,而且有可能形成对抗心态,无法达到提高司法效力的预期目的。也有可能形成屈从心态,即基于对处罚结果的无法预知而希望通过认罪认罚尽早结束诉讼程序,甚而在违法讯问下作出不符合客观事实的有罪供述,进而影响到认真认罚从宽制度的运行。[①] 律师作为第三方以犯罪嫌疑人、被告人的法律帮助者介入进来,显然更能得到犯罪嫌疑人、被告人的理解和信任,从而代表犯罪嫌疑人、被告人,与司法办案人员进行沟通。律师可以凭借其专业知识,对检察机关提出意见,帮助犯罪嫌疑人、被告人,选择最有利的诉讼程序,从而为认罪认罚从宽过程中的有效沟通,发挥必要的桥梁作用。

也正是基于以上原因,最高人民法院、最高人民检察院、公安部、国家安全部、司法部《关于在部分地区开展刑事案件认罪认罚从宽制度试点工作的办法》(以下简称《试点办法》)明确规定了值班律师制度,[②]以保证认罪认罚从宽制度的正当性。

---

① 参见陈瑞华:《认罪认罚从宽改革的理论反思——基于刑事速裁程序运行经验的考察》,载《当代法学》2016年第4期。

② 《试点办法》第5条规定。

二、律师定位:辩护人抑或法律帮助人

从认罪认罚从宽制度试点一年多的情况来看,大家普遍存在一个疑问,即律师在认罪认罚从宽案件中究竟应该如何定位,应该具有哪些权限?在探讨这个问题之前,有必要对律师参与认罪认罚从宽案件的形式进行分类。

从法律和相关规定来看,律师介入认罪认罚从宽案件有三种形式:一是作为犯罪嫌疑人、被告人委托的辩护人参与到案件中,行使法定的辩护权;①二是作为法律援助律师经指派参与到案件中来,行使法定的辩护权;②三是以值班律师的身份参与到案件中,为犯罪嫌疑人、被告人提供法律帮助。③

之所以要将律师参与认罪认罚从宽案件的形式进行分类,是因为律师以不同的身份参与到案件中直接影响到律师在案件中的定位及权限。如果律师是受犯罪嫌疑人、被告人委托作为辩护人

---

① 《刑事诉讼法》第32条规定,犯罪嫌疑人、被告人除自己行使辩护权以外,还可以委托一人至二人(包括律师但不限于律师)作为辩护人。

② 《刑事诉讼法》第34条规定:"犯罪嫌疑人、被告人因经济困难或者其他原因没有委托辩护人的,本人及其近亲属可以向法律援助机构提出申请。对符合法律援助条件的,法律援助机构应当指派律师为其提供辩护。犯罪嫌疑人、被告人是盲、聋、哑人,或者是尚未完全丧失辨认或者控制自己行为能力的精神病人,没有委托辩护人的,人民法院、人民检察院和公安机关应当通知法律援助机构指派律师为其提供辩护。犯罪嫌疑人、被告人可能被判处无期徒刑、死刑,没有委托辩护人的,人民法院、人民检察院和公安机关应当通知法律援助机构指派律师为其提供辩护。"

③ 《试点办法》第5条规定,办理认罪认罚案件,应当保障犯罪嫌疑人、被告人获得有效法律帮助,确保其了解现在认罚的性质和法律后果,自愿认罪认罚。法律援助机构可以根据人民法院、看守所实际工作需要,通过设立法律援助工作站派驻值班律师,及时安排值班律师等形式提供法律帮助,人民法院、看守所应当为值班律师开展工作提供便利工作场所和必要的办公设施,简化会见程序,保障值班律师依法履行职责。犯罪嫌疑人被告人自愿认罪认罚没有辩护人的,人民法院、人民检察院、公安机关应当通知值班律师为其提供法律咨询、程序选择、申请变更强制措施等法律帮助。人民法院、人民检察院、公安机关应当告知犯罪嫌疑人、被告人申请法律援助的权利。符合应当通知辩护条件的,依法通知法律援助机构指派律师为其提供辩护。

参与诉讼,则其身份就是受委托的辩护律师,其辩护权范围,在侦查期间可以为犯罪嫌疑人提供法律帮助,代理申诉、控告,申请变更强制措施,向侦查机关了解犯罪嫌疑人涉嫌的罪名和案件有关情况并提出意见,享有会见权、通讯权。自案件移送审查起诉之日起,受委托的律师可以查阅、摘抄、复制案件材料。律师还可以依法申请人民检察院、人民法院调取相关证据,也可以主动调查取证。① 经指派参与诉讼的法律援助律师,其辩护权与犯罪嫌疑人、被告人委托的律师的辩护权是完全一致的,只不过是因为犯罪嫌疑人、被告人因法定原因未能委托辩护人,又符合法律援助条件才受指派参与诉讼,但参与诉讼的形式并不会影响到其作为辩护人的权限范围。因此,无论是当事人委托的律师还是法律援助律师,在参与认罪认罚从宽案件时,其法律定位是明确的,即辩护人。其辩护权限也均有法律明文规定,不存在争议。因此,笔者认为,真正存在定位与权限争议的是值班律师。

值班律师制度是《试点办法》规定的一项全新制度,关于其定位及权限存在三种观点:第一种观点认为,值班律师也是辩护律师,其"法律帮助"权与辩护律师的辩护权并没有本质区别,辩护律师享有的权利,值班律师也应该享有。其理由在于,值班律师的设计原本就是为了平等保障被追诉人的辩护权,平衡控辩双方的力量,强化被追诉人的诉讼参与权,构筑冤假错案的第一道防线。② 第二种观点认为,委托律师、法律援助律师以及值班律师之间有重合之处也有一定的区别,委托律师和法律援助律师的权限范围一致,且包含值班律师的权限。但值班律师的权限则限于《试点办法》规定的范围,即只提供包括法律咨询、程序选择、申请

① 《刑事诉讼法》第36~42条。

② 武汉市汉阳区人民法院副院长刘显明2018年1月16日在樊崇义教授到武汉市汉阳区人民检察院调研认罪认罚改革工作座谈会上的发言。

变更强制措施等基础性法律帮助，并不具有辩护律师享有的基本权利；显然，其权限要比委托律师和法律援助律师的权限范围小很多。① 第三种观点认为，《试点办法》规定的法律帮助较为笼统，其权限范围不明确，既可以从宽理解为辩护权，也可以限缩理解为基础性法律帮助权，因此，需要相关的司法解释进一步明确。②

笔者倾向于第一种观点，即值班律师应该定位为辩护人，其权限范围应与委托律师及法律援助律师的辩护权一致。

首先，要准确把握值班律师的定位与权限，必须结合该制度设立的初衷来思考。值班律师制度设计之初衷，即为本文第一部分的内容，是为了平衡控辩双方的力量，保障被追诉人的合法权利，确保认罪认罚的自愿性与真实性。从逻辑发展而言，笔者认为，要真正实现值班律师的以上价值，就必须赋予值班律师以委托律师和法律援助律师相同的辩护权。否则，被追诉人的权利保障就是一句空话，认罪认罚从宽制度的正当性基础就会受到损害，最终会导致该制度受到质疑而难以为继。

其次，从“法律帮助”一词的内涵与外延来看，值班律师的定位与权限应该从宽把握为辩护权。1996 年《刑事诉讼法》修改以前，“法律帮助”并非专门的法律术语，《刑事诉讼法》在涉及被追诉人权利保障时，一般都适用“辩护”“律师辩护”“辩护人辩护”等表述。比如，1979 年《刑事诉讼法》的表述是“被告人有权获得辩护，人民法院有义务保证被告人获得辩护”。1996 年，《刑事诉讼法》修订时，“法律帮助”一词才被学界提出。为加强对被追诉人合法权益的保护，改善被追诉人在刑事诉讼中的地位，1996 年《刑事诉讼法》修订时，将律师介入刑事诉讼的时间从审判阶段提

① 该观点是当前被普遍认可的观点。

② 司法人员在认罪认罚从宽制度试点实践过程中，直接面临值班律师权限问题，考虑到《试点办法》规定的笼统性，而认为“法律帮助”是一个需要明确解释的概念。

前到侦查阶段，即第96条规定“犯罪嫌疑人、被告人在被侦查机关第一次讯问后或者采取强制措施之日起，可以聘请律师为其提供法律咨询、代理申诉和控告。”同时，第33条规定“公诉自案件移送审查起诉之日起，犯罪嫌疑人有权委托辩护人”。这就意味着，在侦查阶段的律师并非辩护人。对于侦查阶段的律师定位问题，法学界展开了激烈的讨论，有学者提出侦查阶段律师应当定位为“提供法律帮助的人”或者“法律顾问”。自此，“法律帮助”的概念逐步成为理论界和实务界对侦查阶段律师职责约定俗成的定位。然而，法律帮助的概念提出后，在司法实践中面临种种困难，最为突出的就是律师执业中的“老三难”问题，即会见难、阅卷难、调查取证难，侦查阶段的律师并未起到人权保障的作用。正因如此，对侦查阶段的律师重新定位，明确其辩护人身份，成为2012年《刑事诉讼法》再次修改时的热点问题。2012年《刑事诉讼法》修改，将此修改为“犯罪嫌疑人自被侦查机关第一次讯问或者采取强制措施之日起，有权委托辩护人；在侦查期间，只能委托律师作为辩护人”，同时《刑事诉讼法》第36条明确规定“辩护律师在侦查期间可以为犯罪嫌疑人提供法律帮助”，这就意味着，侦查阶段律师的“法律帮助”原本就是律师辩护权的应有之义，因此，“法律帮助”不仅是《刑事诉讼法》明文规定的一个法律术语，而且其原本就是辩护权的内容。

由此可见，将值班律师的“法律帮助”理解为辩护权既符合理论逻辑，也有着明确的法律依据，值班律师也理应定位为辩护律师。只不过，值班律师是比较特殊的辩护律师。其特殊性在于其并非针对个案而委托或者指定的律师，而是统一安排到看守所、人民法院以值班的形式，随时为被追诉人提供法律服务。这种不同主要体现在律师参与诉讼的途径上，但其提供的法律服务的性质与委托律师、法律援助律师并无不同，都属于辩护律师。实质上，这是我国在辩护权保障上的一次突破，在认罪认罚从宽案件中实现了律师辩护的全覆盖。

在这里需要指出的是，值班律师应该是委托律师和法律援助律师缺位时的补充，而不是当然的选择。只有在被追诉人没有委托律师，且不具备指派法律援助律师为其辩护的条件时，才考虑值班律师的介入与服务。在犯罪嫌疑人、被告人委托了辩护人的情况下，其辩护人当然享有法定的辩护权，对于认罪认罚所应提供的法律帮助是其辩护权的应有之义，不存在需要值班律师提供法律帮助的情况；在被追诉人具备指派法律援助律师条件时，司法机关就应该通知法律援助机构为其指派法律援助律师帮助其行使辩护权，此时，也不存在需要值班律师提供法律帮助的问题。

三、律师功能的虚与实：值班律师的困境与出路

从认罪认罚从宽试点实践情况来看，值班律师承担了绝大部分案件的法律服务工作。以武汉市检察机关为例，试点一年以来，所办理的认罪认罚从宽案件中，值班律师参与率为 85.28%，而指定法律援助律师参与率为 12.58%，犯罪嫌疑人、被告人自行委托的辩护人参与率仅为 2.13%。[①] 也就是说，在认罪认罚从宽案件中，值班律师是保障犯罪嫌疑人、被告人权利的主力军。但是，占有如此大比例的值班律师，其价值在实践中并未得到充分体现，具体表现在以下几个方面：

一是值班律师的功能定位不明确。根据《试点办法》第 5 条第 3 款的规定，值班律师能够提供的法律帮助为“提供法律咨询、程序选择、申请变更强制措施等”。从内容来看，该条文仅以列举的方式赋予值班律师相关权利，并未对值班律师的定位作出界定，从而导致实践中出现理解和适用标准不一致的问题。尽管从制度

① 从笔者了解的情况来看，其他试点地区，参与认罪认罚从宽案件的值班律师占比均在 80% 以上。

设计之初衷以及逻辑分析来看,笔者认为,值班律师的定位与委托律师和法律援助律师并无二致,但这目前也只是笔者的理解与认识,由于规定内容的不明确,实践中出现不同的理解与适用在所难免。有的司法机关将值班律师等同于法律援助律师,赋予其委托律师相同的诉讼权利,也有司法机关严格限制值班律师的辩护权利,对条文中未列举事项一律不允许。值班律师权限界定不清也导致部分值班律师消极履职,在提供法律帮助时形式大于实质,见证人的功能大于法律帮助的功能。

二是值班律师的法律帮助功能发挥有限。在侦查环节,《试点办法》规定犯罪嫌疑人、报告人自愿认罪认罚没有辩护人的,应当通知值班律师为其提供法律服务,且在签署具结书时应当有辩护人或者值班律师在场,但在对犯罪嫌疑人、被告人作出有罪供述的最为关键的讯问环节,尤其是侦查阶段的讯问,律师几乎不介入,更谈不上为犯罪嫌疑人、被告人提供法律帮助。在检察环节,尽管检察机关为律师阅卷、会见等辩护权提供了充分保障,但值班律师的参与度同样不高:一方面,值班律师很少阅卷,对于案件事实、证据情况知之甚少,大部分值班律师仅仅起到见证讯问过程合法性、认罪认罚自愿性的的作用,缺乏对罪名及量刑情节等与定罪量刑有关的实质内容的帮助。例如,值班律师难以为犯罪嫌疑人、被告人申请变更强制措施。另一方面,值班律师会见时间非常有限,值班律师一般都是在检察官提审时才第一次见到犯罪嫌疑人,双方缺乏全面深入的沟通,而有关证据的采信、事实的认定、罪名的确定很难在短时间内通过看一眼起诉意见书就能确认,对于犯罪嫌疑人、被告人的真实意思也很难了解,导致值班律师很少参与与检察官的协商过程。同时,认罪认罚从宽案件对办案效力的追求,使案件排期快、庭审过程短,导致值班律师发挥辩护作用的空间非常有限。在审判环节,审前的法律帮助和庭审中的律师辩护相互脱节,值班律师无法全程参与刑事诉讼特别是法庭审理过程,其无法确认检察官指控的罪名是否具备基本的事实根据,更无法针对检察官的量刑建议发表有针对性的辩护意见。

三是值班律师整体业务水平有待提升。犯罪嫌疑人、被告人选择适用认罪认罚从宽制度,意味着对部分诉讼程序权益的放弃,以获得实体处罚上的从轻从宽。然而,程序上的简省往往也潜藏着产生冤假错案的风险。因此,值班律师的业务能力以及办案经验,对于该制度的实施显得尤为重要。但是,在试点实践中,由于值班律师业务水平的不高,给犯罪嫌疑人、被告人提供不恰当甚至错误帮助的情况也是存在的。一方面,值班律师的专业能力欠缺。比如,犯罪嫌疑人在审查起诉阶段承认犯罪事实,但对于检察机关建议的量刑轻重无法判断,需要律师的咨询与帮助,但很多值班律师自身对量刑规则也不熟悉,无法提供有效的服务。另一方面,诸多值班律师专业不对口。目前值班律师中,从事刑事辩护的律师比例较低,甚至部分律师从未代理过刑事案件,对刑事案件不熟悉,自然无法提供专业有效的法律帮助,维护犯罪嫌疑人、被告人的合法权益。

四是值班律师的数量与保障需要加强。当前值班律师基本上是由承担法律援助任务的律师在担任,而法律援助律师数量以及经费保障不足问题没有得到根本解决,认罪认罚从宽制度对值班律师的需求更是对有限的法律援助人员和经费提出了严峻挑战。而且,值班律师的数量及素质也在一定程度上影响了认罪认罚从宽制度的实施。一方面,值班律师人数有限,需要法律咨询的犯罪嫌疑人、被告人人数众多,因此,这种法律咨询有“流水作业”的性质,充其量能为犯罪嫌疑人、被告人起到答疑解惑的作用。另一方面,认罪认罚从宽案件程序相对简化,尤其是速裁程序,办理周期非常短,在这种快节奏下,律师很容易为追求案件数量而忽视工作质量,出现“走过场”“说套话”、有必要阅卷时不阅卷、不认真考虑量刑建议、怠于监督等问题,并不能充分保护犯罪嫌疑人、被告人的合法权益。同时,由于经费保障的不足,值班律师的服务报酬非常有限,以武汉市汉阳区值班律师为例,在侦查、检察和审判三个环节中,值班律师每参与一件认罪认罚从宽案件的报酬分别是200元、300元和500元人民币,这样的薪酬水平实际上与值班律师应该提供的法律帮助工作量是严重不对等的,以至于真正专业对口、专业水平较高的律师都不愿意作为值班律师参与到认罪认罚从宽案件中来。

律师作用的有效发挥对于认罪认罚从宽制度而言有着举足轻重的作用,要保证律师的作用发挥到实处,而不仅仅是作为一个见证人存在,就必须在保障律师固有权利的基础上,为律师的有效参与认罪认罚从宽案件设计新的路径,保障认罪认罚从宽制度更好实现。本文将就以下三方面提出相关建议。

第一,明确值班律师的定位与职责范围。对于值班律师,笔者认为,应从规范层面明确赋予其辩护律师的定位与职权范围。值班律师实际上充当了审前程序中辩护律师的角色。应给予其更多的诉讼权利,同时也赋予其更多的诉讼义务,这样值班律师才能真正了解案件,提供的法律帮助才更具有针对性和准确性。就目前的规定而言,应将值班律师的职责分为两大类:一般职责和特殊职责,一般职责是为所有申请法律帮助的人提供法律服务,而特殊职责则是针对认罪认罚案件,主要包括三个方面:一是为认罪认罚的犯罪嫌疑人、被告人及时提供法律咨询、程序选择、申请变更强制措施等法律帮助;二是就指控的罪名及适用法律条款、从宽处罚建议、程序的选择等与检察机关进行协商;三是在签署具结书时应当在场等职责。值班律师作为一种职业身份,只有明确了其权利和职责才能够顺利地开展工作,应尽快将值班律师的权利和职责在规范层面予以明确和细化。

第二,推动律师在认罪认罚案件中的深度参与。我国的认罪认罚从宽制度与西方的辩诉交易制度有着根本的区别,[①]但其也借鉴了辩诉交易制度中尊重控辩双方合意的契约理念和合理因素。在辩诉交易制度中,认罪协商是最为关键的环节。律师是犯罪嫌疑人、被告人的代理人,在认罪协商中的作用无可替代。对于我国的认罪认罚从宽制度,《试点办法》规定双方可以对指控的罪名及适用的法律条款、量刑、适用程序等问题交换意见,同时不能降低案件的证明标准,因此双方协商空间是比较有限的,仅以对量刑的协商为主。尽管如此,律师代表犯罪嫌疑人、被告人与检察机关平等协商,协商一致的结果基本上能够被法院所采纳,这也是突破了律师参与案件的程度。量刑协商程序可以和讯问程序进行整合,无论是在侦查环节还是在检察环节,如果拟进行认罪认罚协商,就必须在讯问前书面告知犯罪嫌疑人、被告人及其律师认罪认罚从宽的可能结果并交换意见。然后在对犯罪嫌疑人、被告人进行讯问时,通知律师到场进行现场协商。当然,在刑事案件轻型化趋势明显的情况下,这种做法可以在量刑协商上进行繁简分流,从而在提高协商效率的同时保障重大复杂案件协商的质量。律师参与认罪认罚协商时,应当为犯罪嫌疑人、被告人提供有效辩护,并对事实和法律适用发表意见,但不得作出与犯罪嫌疑人、被告人明示意思相反的意见。律师的作用只能是"帮助"而不是"决定",可以提出建议,由犯罪嫌疑人、被告人自己选择。[②] 当然,如果犯罪嫌疑人、被告人全权委托律师代表他与检察机关进行协商,才可以

---

① 辩诉交易与认罪认罚想从宽相同之处有四:两者都是为保障快速审判权而兴起、设立;都是被害人利益表达制度化;实施前都是被告人自愿;量刑主动权都是在法院。不同之处在于:前者可以降低证明标准,后者不可以;前者可协商罪名和罪数,后者不可以协商;前者对认罪的实践、认罪的内容、认罪的心态进行了明确区分,后者对此尚无明确规定;前者有明显的合同效力,后者不具备。参见樊崇义教授 2018 年 1 月 17 日在湖北省检察机关所作关于"认罪认罚从宽制度改革的若干问题"专题讲座。

② 顾永忠在《人民检察》2016 年第 9 期"检察聚焦"专题采访记录中的观点。

代表委托人与检察机关进行交涉协商。在审判阶段,无论以什么方式参与到认罪认罚从宽案件中的律师,都应当履行辩护律师的职责,协助被告人做出自愿、理性的程序选择,并对案件是否符合适用认罪认罚从宽制度的条件发表辩护意见。①

第三,加强值班律师队伍建设与保障。值班律师的数量及素质会直接影响认罪认罚从宽制度的实施,因此必须充实值班律师队伍,提升值班律师的经费保障,以保证认罪认罚从宽中律师的参与。笔者认为,应当扩大法律援助专职律师的比例。目前我国社会律师办理的刑事法律援助案件占大多数,但相对于社会律师而言,专职律师会对法律帮助类案件投入更多精力,办案质量也更容易把控。就律师方面而言,律师作为法律工作者,应该承担法律共同体的社会责任。虽然律师行业已经充分的市场化,但是市场化并不意味者律师可以不用承担其理应承担的社会责任,在认罪认罚从宽案件中履行应尽的法律援助义务。正如亚瑟·里德曼所言:"律师依靠社会来维持生活,因此,他们有责任为社会贡献所长。"从国家层面而言,应结合各地区实际情况适当提高值班律师的办案经费,使社会律师参与的热情不被过低的办案经费所阻却。毕竟,认罪认罚从宽案件数量很大,而且未来更有成为刑事案件的主流的趋势,律师参与率会越来越大,工作量也会越来越大,既要投入时间成本、智力成本,又要投入经济成本,尽管具有公益性质,但国家还是应该给予一定程度的经费保障,才能客观上促进高素质高水平的律师参与到值班律师队伍中来,才能真正调动律师参与认罪认罚从宽案件的积极性和优化实际效果。

（责任编辑:齐　涛）

① 陈瑞华在《人民检察》2016年第9期"检察聚焦"专题采访记录中的观点。

【改革探索】

完善认罪认罚从宽制度的思考

——以审判为视角

王树茂*

目　次

* 王树茂，河南省高级人民法院副院长。

(四)加强对法律援助值班律师工作的管理和保障

2014年6月,经全国人大常务委员会授权,最高人民法院、最高人民检察院、公安部、司法部、国家安全部(以下简称"两高三部")决定在郑州等18个城市开展刑事案件速裁程序试点。2016年9月,全国人大常委会授权最高人民法院、最高人民检察院在上述城市继续开展认罪认罚从宽制度试点;2016年11月,"两高三部"印发《关于在部分地区开展刑事案件认罪认罚从宽制度试点工作的办法》(以下简称《试点办法》),正式在上述地区启动试点工作。2017年12月23日,第十二届全国人大常委会第三十一次会议听取了最高人民法院院长周强代表最高人民法院并受最高人民检察院委托做的试点工作情况中期报告。从报告内容来看,试点工作取得阶段性成效,但是也存在一些问题。笔者以河南省郑州市两级法院的试点工作为样本,对认罪认罚从宽制度试点工作情况进行分析,并对进一步完善试点工作机制提出一些建议。

一、郑州两级法院试点工作总体情况

(一)加强组织领导,推动试点工作顺利实施

河南省委、省委政法委、省法院党组对试点工作高度重视。省委全面深化改革领导小组将试点工作列入年度全省重点改革事项,省委司法和社会体制改革专项小组多次对试点工作进行专题研究并开展督查。省法院及时制定试点工作指导方案,指导郑州两级法院制定实施细则,建立三级法院汇报交流机制、信息报送机制,发现问题及时研究解决。郑州市委政法委及市直政法部门均成立试点工作领导小组,郑州市各中院牵头建立公检法司会商协作机制,召开联席会、协商会、座谈会等十余次。两级法院召开工作推进会、庭审观摩会、业务培训会等十余次,进一步统一广大法官思想认识,理顺工作机制,优化资源配置,提升适应试点工作的能力和水平。

（二）建立健全规章制度，确保试点工作规范运行

省法院指导郑州中院根据“两高三部”《试点办法》，结合本地实际，与检、公、司、安等部门共同会签制定了《郑州市刑事案件认罪认罚从宽制度试点工作实施细则（试行）》，在《试点办法》的基础上，细化明确了律师参与程序、规范了从宽幅度、简化了取保候审办理等程序。在认真调研的基础上，省法院指导郑州市中各中院进一步细化规范庭前程序、庭审程序、文书制作等各个环节，先后制定下发“被告人应知事项告知书”“提供法律帮助通知书”“裁判文书格式”“庭审规范”等制度文件，特别是统一文书样式，采用填空式模板并嵌入办案系统，法官仅需对相应内容填写，即可在半小时内快速制作一份判决书，大大提高了审判效率。近期，郑州市中级人民法院牵头，与公安、检察机关共同调研，着手制定下发《郑州市办理认罪认罚常见案件罪名指引（试行）》，拟对25种常见罪名的量刑进一步加以规范。

（三）坚持严格证明标准，确保案件公正审理

被告人认罪认罚并不代表着可以降低法定的证明标准，这是认罪认罚制度与西方国家诉辩交易制度的本质区别所在。试点法院牢固把握这一本质要求，在审理认罪认罚案件过程中，始终坚持“以事实为根据，以法律为准绳”的基本原则，始终坚持证据裁判原则，严格按照法律规定审查、认定证据。尤其重点核实被告人认罪的自愿性、真实性、合法性，切实防范冒名顶替、被迫认罪等情形发生。对于被告人在审理中出现反悔、否认指控的，及时转为普通程序；对于仅有被告人供述，没有其他证据予以印证的案件，即使被告人认罪认罚，仍坚持“疑罪从无”原则，不该判、不能判的一律不判，切实防止冤假错案。

（四）创新试点工作机制，打造试点工作“郑州模式”

随着试点工作的开展，各试点法院结合本地实际，积极探索，不断创新，初步形成具有特色的“郑州模式”。一是探索协商启动

模式,提高认罪认罚适用率。对于起诉环节未适用认罪认罚从宽的案件,法院在受理后,经审查认为符合条件的,积极与公诉机关沟通协调,在审判环节主动启用。二是赋予侦查机关从轻处罚建议权,切实保障被告人得到从宽处罚。犯罪嫌疑人表示自愿认罪认罚的,侦查机关应当听取犯罪嫌疑人及其辩护人或者值班律师的意见,记录在案并附卷。犯罪嫌疑人自愿认罪对侦破案件有帮助的,侦查机关可以出具从轻处罚建议书。三是探索阶梯式量刑模式,鼓励被告人尽早认罪认罚。根据犯罪嫌疑人、被告人在不同诉讼阶段的认罪认罚情况及犯罪的事实、性质、情节和危害程度,调整从宽处罚幅度。四是探索特殊案件刑拘直诉办案模式。针对可能判处拘役,且不宜判处非监禁刑的案件,利用侦查机关7天羁押期限,实现3日以内侦查终结,2日内审查起诉完毕,2日内审判完成,从侦查到审结用时不超过7天。

(五)强化律师参与机制,切实保障诉讼权利

郑州市建立了贯穿整个刑事诉讼过程的法律援助值班律师制度,鼓励专业律师参与犯罪嫌疑人、被告人认罪认罚案件的办理,及时、全面为犯罪嫌疑人、被告人提供法律咨询、法律援助。辩护律师可以建议办案机关适用速裁程序或简易程序,代犯罪嫌疑人、被告人提出量刑意见。同时,我们十分注重保护被害人的合法权益,规定对适用认罪认罚从宽的案件,承办法官应当听取被害人的意见,并将是否达成谅解作为从宽幅度的重要考量因素。

经过一年的试点,认罪认罚从宽制度改革取得明显成效。2017年1月至2018年2月底,郑州辖区14家基层法院共审结认罪认罚案件4908件5652人,占同期刑事案件结案数的32.31%。其中2018年前2个月,审结认罪认罚案件648件766人,占同期刑事案件数的51.46%。试点工作初步取得良好效果,受到最高人民法院、省委、省委政法委的充分肯定。一是审判效率明显提升,89.78%的案件在1~15天内审结。二是服判息诉率较高,

2017年适用认罪认罚从宽制度审结的案件上诉率仅为0.77%。三是当庭宣判率较高，达到77.42%。四是判前非羁押率明显提升，判前采取取保候审、监视居住等非羁押措施的占比为67.91%，远高出普通刑事案件适用比率。

二、试点工作中存在的问题和困难

作为一项新生事物，认罪认罚从宽制度试点在推进的过程中也存在一些问题和困难，主要表现在以下几个方面：

第一，思想认识层面的问题。认罪认罚从宽制度试点是一项全新的改革，对广大司法人员的思想认识、理念作风都是一个全新的考验。这一改革从程序上增加了各个诉讼环节的工作内容，而且大大缩短了办案期限，势必增加办案人员的工作强度和心理压力。实践中，侦查人员主动适用认罪认罚从宽制度的积极性有待提高，个别法官也存在畏难情绪。以侦查环节为例，2014年“速裁程序试点办法”和2016年“认罪认罚试点办法”，都将犯罪嫌疑人与被害人达成和解协议或赔偿被害人损失作为适用速裁程序的条件之一；同时将犯罪嫌疑人认罪认罚作为判断社会危险性的重要考虑因素，鼓励侦查机关多适用非羁押措施。但实践中，侦查人员有时会机械理解这些规定，对于完全符合认罪认罚从宽条件的轻罪案件，不愿意深入细致地做双方当事人的和解工作，仅仅因为双方达不成民事和解协议，就简单决定不适用认罪认罚从宽制度或速裁程序，不利于化解社会矛盾。在审判阶段，总体来看，大多数法官愿意适用认罪认罚从宽制度和速裁程序审理案件，但也有一部分法官由于自身能力不足或心理压力较大，害怕适用新制度后出现新的职业风险，内心往往产生纠结。另外，由于2014年、2016年两个试点办法对有些具体问题的规定不甚明确，导致实践中公诉人与审判法官认识上存在分歧，如对于可能判处缓刑或管制刑的被告人，如果检察机关没有委托县级司法行政机关调查评估，法院能否直接委托？如果法院认为评估调查不规范，是否需要重新委托评估？这些问题都有待随着试点工作的深入逐步加以解决。

第二，值班律师制度有待进一步巩固落实。认罪认罚协商程序是认罪认罚从宽制度的核心内容，律师在侦查和审查起诉环节是否提供有效的法律帮助，直接影响着这项改革的成败。目前，主要存在几个方面的问题：一是经费保障不到位。公检法三机关没有建立律师值班保障专项经费，主要是通过司法行政部门申请的法律援助经费对值班律师给予补助；由于经费很少，难以调动广大律师的工作积极性，实践中多数律师是把该项工作当作一项任务来完成的。二是办案部门配合不到位。有的办案人员仅仅把值班律师当作一个普通的见证人，既不介绍案情，也不让看卷宗，只是让律师到场签个字。三是部分律师专业素养不高，责任心不强，认为参与进来只是个陪衬，有的甚至是走过场、走形式，没有真正发挥帮助犯罪嫌疑人或被告人、维护其合法权益的作用。

三、完善认罪认罚从宽制度试点的建议

针对上述试点工作中存在的突出问题，各级司法机关应当高度重视，提升思想认识，加强业务培训，强化协调配合，完善工作机制，不断推进试点工作规范化、制度化、法治化。

（一）正确处理试点工作中的几组辩证关系

在试点工作中，有以下四组辩证关系需正确处理。

一是认罪认罚从宽制度与宽严相济刑事政策的关系。宽严相济刑事政策是我国的基本刑事政策，它是指导刑事立法、司法和刑罚执行全过程的政策。认罪认罚从宽制度是在宽严相济政策指导下的一项具体刑事制度（也可以称为具体政策），体现了“宽严相济”中“宽”的一面，同时又是对政策中“该宽则宽”内容的具体化、制度化。所以，认罪认罚从宽制度一定要受到宽严相济政策的统摄和约束，而不能突破该政策的基本内涵。对于认罪认罚的行为人，司法机关“可以”从宽处理，而不是“必须”从宽处理；从总体上要体现“从宽”政策，对于其中的绝大多数行为人都要从宽处理。

同时,“从宽”不是无条件的,不是宽大无边,还要体现“宽中有严”的一面,对于犯罪情节十分恶劣、后果特别严重的恶性暴力犯罪,即使行为人认罪认罚,如果没有其他法定从轻处罚情节,也不一定从宽处理。总之,对于认罪认罚的案件,要根据其犯罪的事实、性质、情节、后果,以及认罪认罚的具体情况,具体地、恰当地作出刑罚裁量,以实现罪责刑相适应,而不能机械地理解适用,以避免违背比例原则和均衡原则。

二是认罪认罚从宽制度改革与量刑规范化改革的关系。量刑规范化改革是中央司法体制改革的重要组成部分,虽然改革文件是以最高人民法院的名义发布的,但它是经过中央政法委全体会议讨论通过的,应当为所有司法机关和司法人员一体遵循。根据最高人民法院改革安排,从2009年开始试点,2014年在全国法院适用,2017年最高人民法院对15种罪名的量刑标准进行修订并公开发布,并指定全国9个省的部分中基层法院针对另外8种常见罪名及刑种扩大量刑规范化试点,从而使纳入量刑规范化的案件占到基层法院全部刑事案件的90%以上。这一改革措施对于促进量刑公正、提高司法效率发挥了重要作用。建议最高人民法院及时总结量刑规范化改革经验,与最高人民检察院联合下发司法解释,对量刑规范化改革的成果予以固定。

三是认罪认罚从宽制度试点与刑事速裁程序试点的关系。根据全国人大常委会的《关于授权在部分地区开展刑事案件认罪认罚从宽制度试点工作的决定》,认罪认罚从宽制度试点是在继续进行刑事速裁程序试点的基础上进行的深化,只不过刑事速裁程序的内容要根据新的《试点办法》予以修改完善,如2014年《关于在部分地区开展刑事案件速裁程序试点工作的办法》规定适用刑事速裁程序的案件范围是:“危险驾驶、交通肇事、盗窃、诈骗、抢夺、伤害、寻衅滋事、非法拘禁、毒品犯罪、行贿犯罪、在公共场所实施的扰乱公共秩序犯罪情节较轻、依法可能判处一年以下有期徒刑、拘役、管制的案件，或者依法单处罚金的案件”，新的《试点办法》将案件适用范围扩大为：“可能判处三年有期徒刑以下刑罚的案件”，并没有限制具体的罪名。2014年《关于在部分地区开展刑事案件速裁程序试点工作的办法》规定“不适用速裁程序”的情形是8种，2016年《试点办法》将其限缩为5种，特别是删除了原规定的“犯罪嫌疑人、被告人是未成年人的”“行为人违反取保候审、监视居住规定的”“具有累犯、教唆未成年人犯罪等法定从重情节的”等限制适用情形。这一修改，实际上树立了一个新的导向和理念：对于认罪认罚的案件，要尽可能多地适用刑事速裁程序，以加快诉讼进度，提高办案效率。为此，实践中需要配套推进羁押必要性审查机制改革，对于认罪认罚的轻罪案件，要严格控制羁押措施的适用，同时加大对违反取保候审、监视居住措施的处罚力度，以此推动认罪认罚制度、速裁程序和羁押制度同步改革，最大限度实现矛盾化解、社会和谐。

四是认罪认罚案件审理中公正与效率的关系。无论是刑事速裁程序还是认罪认罚从宽制度，其改革的最终目标是最大限度地实现公正与效率的统一。实践当中，如果公正与效率目标发生矛盾和冲突，应当坚持公正优先兼顾效率，而不能是相反的原则。适用认罪认罚从宽制度特别是适用速裁程序审理案件时，无论庭审程序如何简化，都要当庭告知被告人诉讼权利、认罪认罚可能导致的法律后果，问被告人是否自愿认罪认罚，特别要全面审查被告人认罪认罚的自愿性、合法性，判决宣告前要听取被告人的最后陈述。总之，要切实从程序上保障被告人基本的诉讼权利，从实体上保证认罪认罚的真实性，坚决避免剥夺诉权或强迫认罪、替人顶罪现象的发生，绝不能为了效率而牺牲公正，一味地追求缩短办案时间；更不能简单地对外宣传“庭审时间缩短至几分钟”等，避免引起社会各界不必要的误读。

(二)顺应以审判为中心刑事诉讼制度改革的需要

以审判为中心的刑事诉讼制度改革是一切刑事诉讼制度改革的总纲,其核心要义是发挥庭审在查明事实、认定证据、保护诉权、公正裁判中的决定性作用,确保诉讼证据出示在法庭、案件事实查明在法庭、诉辩意见发表在法庭、裁判结果形成在法庭。虽然认罪认罚从宽制度适用的大多数是轻罪案件,其中相当一部分采用速裁程序审理,但是仍然要遵照以审判为中心的改革要求,确保基本的案件事实、证据经过法庭的审查。其中需要注意的是,法官要切实查明被告人认罪认罚的自愿性、真实性。

(三)建立明显区别于简易程序的刑事速裁程序

目前,认罪认罚案件适用的速裁程序与现行《刑事诉讼法》规定的简易程序的诉讼模式差异性不大,法官付出的工作量也差别不大;相对来讲,由于适用速裁程序期限更短,法官压力更大,导致部分法官适用速裁程序积极性不高。为此,建议在《刑事诉讼法》中单独建立明显区别于简易程序的刑事速裁程序,其适用的条件应当是:基层人民法院审理的可能判处1年有期徒刑以下刑罚的案件,事实清楚,证据确实、充分,当事人对适用法律没有争议,被告人认罪认罚并同意适用速裁程序。对于速裁程序案件,由法官独任审理,送达期限不受《刑事诉讼法》的限制,不进行法庭调查和法庭辩论,当庭宣判,采用格式化裁判文书。

(四)加强对法律援助值班律师工作的管理和保障

河南省自2006年在全国率先探索法律援助值班律师制度,截至目前已经建成设在法院的法律援助值班律师办公室177个、看守所法律援助工作站128个,覆盖率达100%。目前困扰该项制度发挥作用的关键问题是经费保障不到位,律师值班补贴标准过低,大部分地方规定每天补助100~200元,有的时候还落实不到位,严重影响律师参与法律援助的积极性和办案质量。针对这些问题,河南省委、省政府及司法行政部门高度重视,近年来,出台一系列政策措施，不断加大经费保障力度；但总体上受到财政保障水平的制约，特别是市、县两级财政保障水平难以提高。为此，笔者建议：一是最高人民法院、司法部商财政部等部门，出台更为明确的法律援助律师补贴标准，区分不同的服务形式，综合考虑律师承办案件成本、基本劳务费用、服务质量、案件难易程度等因素，确定援助律师补助标准，并随着经济社会的发展不断加以调整。二是创新思路，省级财政、民政、司法行政部门要探索建立以民间资金为主的法律援助基金，拓宽资金来源渠道。三是探索实行由法律援助受援人分担部分法律援助费用，让那些经济条件稍好但仍请不起律师的公民，在缴纳一部分费用后获得法律帮助。四是加强对法律援助律师服务质量的考核监督，通过征询办案机关意见、查询工作台账等方式，及时掌握值班律师履职情况，将其纳入律师事务所和律师个人年度考核及诚信服务记录，促进值班律师制度不断规范完善发展。

（责任编辑：齐　涛）

认罪认罚从宽制度的基层实践及思考

孙　琳　许世兰　陈　思*

目　次

* 孙琳,重庆市人民检察院公诉一处处长,法学博士,全国检察业务专家;许世兰,重庆市渝北区人民检察院副检察长;陈思,重庆市渝北区人民检察院检察官助理。

认罪认罚从宽制度下，公安机关的侦查工作基本未发生改变，法院的审判工作内容明显减少，检察机关除在出庭公诉方面有所简省外，审查起诉工作不仅没有减少，还增加了量刑协商、主持签署具结书等之前办案中没有的内容；同时该制度对检察机关量刑建议的确定性、精准性要求更高。可以说，认罪认罚从宽制度的主要工作是在检察机关，更多的是对检察机关改革能力的考验。试点工作已一年有余，试点地区特别是基层检察机关的试点情况如何，是值得关注的问题。全面审视认罪认罚从宽制度在基层检察机关的试点现状，客观地分析现行制度的成效与问题，是下一步顺利推进制度运行的迫切需要。本文立足于重庆市38个基层检察院关于认罪认罚从宽制度的实践，通过深入研究制度在运行中取得的成效与存在的不足，探索制度在律师参与、量刑建议等方面的改进空间，以期对认罪认罚从宽制度的完善提供参考。

一、认罪认罚从宽制度在基层的实践情况

（一）案件基本情况

2017年1月，重庆市各基层检察机关开始全面推进认罪认罚从宽制度试点工作，截至2017年10月31日，全市38个基层检察院共起诉认罪认罚案件11 253件13 822人，占同期起诉案件总数

(23 076 件)的 48.76%。

1. 案件类型。起诉的 11 253 件认罪认罚案件中,案件类型最多的三类为盗窃、毒品犯罪和危险驾驶案件,分别为 3812 件、2257 件、1400 件,分别占认罪认罚起诉案件总数的 33.88%、20.06%、12.46%。

2. 适用程序。在开庭审理的认罪认罚案件中,法院适用速裁程序审理 6455 件 7392 人,适用简易程序审理 2042 件 2577 人,适用普通程序审理 271 件 413 人,适用人数分别占认罪认罚起诉案件总人数的 71.20%、24.82%、3.98%。

3. 量刑建议。检察机关提出确定型量刑建议 7322 人,占量刑建议总人数的 52.95%。法院采纳量刑建议 9640 人,采纳率为 96.01%。已判决的案件中被告人提出上诉 155 件 186 人,上诉率为 1.85%(以人数为基准)。

4. 法律帮助。审查起诉阶段获得值班律师法律帮助的 12 600 人,自行委托辩护人的 340 人,获得指定辩护的 451 人,分别占认罪认罚起诉案件总人数的 91.12%、2.46%、3.26%。

5. 办案期限。审查起诉阶段认罪认罚案件的平均办案期限为 10 天左右(不含普通程序案件)。其中,速裁程序案件的平均办案期限为 8 天左右,简易程序案件的平均办案期限为 17 天左右。[①] 与之前刑事案件的平均办案期限 20 天左右相比,效率明显提升。

(二)主要做法

试点以来,全市各基层检察机关在最高人民检察院和市人民

① 速裁程序试点时,重庆市确定了 11 个基层检察院进行试点。试点检察院办理速裁案件的平均办案期限为 5 天左右,速裁案件数量占同期起诉案件总数的比例为 12.93%。认罪认罚从宽制度试点后,全市各基层检察院办理速裁案件的平均办案期限为 8 天左右。尽管从期限上看有所延长,但速裁案件数量占同期起诉案件总数的比例上升为 48.76%。从总的效果来看,认罪认罚从宽制度的办案效率要高于速裁程序试点。

检察院的领导下,大胆探索,扎实推进,形成了"一、二、三、四"工作法,推动了试点工作稳步开展,并取得了阶段性成效。

1. 明确一项原则。明确认罪认罚本身是判断犯罪嫌疑人是否具有社会危险性的重要考虑因素。在强制措施适用上优先考虑非羁押性措施,对于可能判处3年有期徒刑以下刑罚、没有社会危险性的犯罪嫌疑人,一般不批准逮捕。在刑罚适用上,除犯罪性质恶劣、犯罪手段残忍、危害后果严重,犯罪嫌疑人认罪认罚不足以从轻处罚的以外,一般应从轻处理。

2. 制定两项规范。全市各基层检察机关注重建立规范,及时以规范性文件固定试点成果。一是积极联合当地公安、法院和司法行政机关制定本地区的试点工作规则。通过协作配合,促进试点工作形成区域合力。二是立足本院实际,制定实施细则。针对案件的具体办理程序、权利保障、量刑建议等进行细化规定,为试点工作的顺利开展提供具体指引。

3. 建立三项制度。一是建立值班律师制度。全市38个基层院均已设立法律援助工作站(值班室),由法律援助机构或司法行政机关定期指派值班律师,及时为检察机关审查的认罪认罚犯罪嫌疑人提供法律帮助。二是建立认罪认罚案件捕诉衔接机制。将制度启动提前到审查逮捕阶段,要求侦监部门在审查逮捕时充分向犯罪嫌疑人阐释认罪认罚从宽制度的内容和法律后果,及时将认罪认罚相关情况告知公诉部门,便于公诉部门在受案后及时启动。三是建立认罪认罚案件内部监督机制。联合案管部门强化对认罪认罚案件的流程监控、告知当事人权利义务的文书审查、案件质量评查等,全面提升认罪认罚案件的办案质量。

4. 简化四个方面。一是简化审批程序。制定《检察官办理认罪认罚案件权力清单》,规定检察官有权对除危害国家安全、涉恐、涉黑、邪教案件外的案件自行决定起诉、变更起诉和调整量刑建议等;有权对危险驾驶、交通肇事、轻伤害以及侵财犯罪案件自行决定微罪不起诉。通过简化审批程序,提高办案效率。二是简化文书制作。赋权检察官对自行决定处理结果的案件,可以自主决定是否制作审查报告、出庭预案等内部文书,彻底减少不必要的行政审批程序,最大限度地减轻内部工作负担。三是简化工作方式。探索运用互联网技术,使用远程视频设备进行提讯和出庭,减少在途时间损耗。四是简化诉讼流程。推行"三集中"工作机制,公安机关相对集中移送审查起诉、检察机关相对集中提起公诉、法院相对集中开庭审理;创新办案组织,成立"轻刑办案组",实行简案集约化办理,有效节约了司法资源,提高了诉讼效率。

二、认罪认罚从宽制度在基层取得的成效

(一)建立了速裁、简易和普通程序有序衔接的多层次诉讼体系,初步形成区别明显、层次分明的三级递简格局

自1996年《刑事诉讼法》施行以来,我国刑事诉讼实行简易程序和普通程序相衔接的诉讼体系,但实践的突出表现是"繁者不繁、简者不简"。一方面,在侦查、审查起诉阶段,适用简易程序和普通程序的案件在工作内容和诉讼流程上没有区别。另一方面,对于疑难复杂和被告人不认罪的案件,普通程序的精细化、正当化程度不够,庭审快速走过场;[①]适用简易程序的案件,范围跨度大,程序相对单一,量刑3年以上和3年以下的案件,除对审判组织和审理期限有不同要求外,简化程度没有明显区别。[②]

认罪认罚从宽制度与之前局限于简化审判程序的改革制度不同,其改革思路不仅包含审判程序的简化,还包括审前程序的精简。针对犯罪嫌疑人认罪与否,对案件作了普通和简易(速裁)程

① 参见最高人民法院副院长黄尔梅2015年12月2日《在北京市刑事案件速裁程序试点专家论证会上的讲话》。

② 参见魏晓娜:《完善认罪认罚从宽制度:中国语境下的关键词展开》,载《法学研究》2016年第4期。

序的区分;针对认罪认罚后可能获得的刑罚,作了简易和速裁程序的区分。同时,适用三种程序的案件在诉讼流程、报告制作、办案期限等方面均有较大不同,通过普通、简易和速裁程序有序衔接,丰富和完善了刑事诉讼的结构体系,提升了办案质量和效率。

(二)在量刑减让的基础上,构建了与之并行不悖的程序激励机制,实现实体公正和程序公正的统一

认罪认罚从宽制度下的犯罪嫌疑人,不仅能够在处理结果上获得刑罚从轻的实体性收益,还能够在诉讼过程中获得案件快速办理、不被羁押等程序性收益。从办案期限来看,认罪认罚案件的耗时较少,有助于减少羁押和实现快速审判。从强制措施的适用来看,对认罪认罚的犯罪嫌疑人优先考虑非羁押措施。从刑罚的适用来看,犯罪嫌疑人认罪认罚一般均能获得从轻的处罚结果。通过各诉讼阶段的程序优待与最后从轻判决所获得的实体公正相呼应,真正实现程序公正和实体公正的统一。

(三)法律援助向包含轻罪在内的所有认罪认罚案件延伸,有利于实现人权保障和控辩平衡

认罪认罚从宽制度要求司法机关保障所有认罪认罚的犯罪嫌疑人获得有效的法律帮助,犯罪嫌疑人没有辩护人的,应通知值班律师为其提供法律帮助。该规定相比速裁程序的试点,不仅在案件范围不再有罪名限制,在刑罚规定上不再限于1年以下,在诉讼程序上也延伸到了侦查和审查起诉阶段。相较于普通的法律援助制度,也不限于盲、聋、哑等特殊主体。为有效落实该规定,试点法院、检察院与所在地区的司法局共建认罪认罚案件值班律师制度,在看守所、检察院和法院派驻值班律师。这一制度使所有认罪认罚的犯罪嫌疑人都有机会获得律师提供的免费法律帮助,极大地突破了《刑事诉讼法》对法律援助适用范围的限制,是我国刑事辩护制度改革的重大突破。

通过值班律师提供法律帮助的制度安排,可以有效地回应社

会公众对认罪认罚从宽制度可能冤枉无辜、侵犯人权的担心和质疑,同时有助于解决我国长期以来因刑事辩护率低而控辩结构不平衡的问题。对犯罪嫌疑人而言,其可以更加便捷地获得律师帮助,有利于其充分了解自己享有的诉讼权利,维护自己的合法权益;从诉讼结构上看,犯罪嫌疑人在审前和审判中均得以接受职业律师提供的法律帮助,有助于强化辩方地位,平衡控辩双方的攻防力量。

(四)有利于犯罪嫌疑人认罪服判,提升办案的法律效果和社会效果

在认罪认罚从宽制度中,犯罪嫌疑人能在整个诉讼过程中感受到制度在程序和实体上的宽肴之态,有助于其悔过自新,息诉服判。从形式上看,犯罪嫌疑人要认罪悔罪,并同意量刑建议。犯罪嫌疑人认罪,表现为承认犯罪事实,并在刑事诉讼中积极配合司法机关的诉讼行为;这有利于减轻嫌疑人的人身危害性,降低司法风险。犯罪嫌疑人悔罪,表现在积极退赃、退赔;这有利于弥补被害人的损失,帮助修复被破坏的社会关系。犯罪嫌疑人认罚,表现为同意量刑建议和判决;这有助于犯罪嫌疑人认罪服判,实现案结事了。

三、认罪认罚从宽制度在基层适用遇到的问题

(一)认罪但不认罚影响了制度的适用

认罪认罚从宽制度要求"认罪"与"认罚"保持同步才给予从宽处理,这大大限制了制度的适用范围。因为"认罪"与"认罚"是两个性质截然不同的"供认"行为,前者是指犯罪嫌疑人对指控的犯罪事实和罪名给予了认可,后者则指犯罪嫌疑人对提出的量刑建议不持异议。[①] 犯罪嫌疑人虽然认罪,但是部分认罚或者无力

① 陈瑞华:《"认罪认罚从宽"改革的理论反思——基于刑事速裁程序运行经验的考察》,载《当代法学》2016 年第 4 期。

认罚能否从宽？该如何从宽？

1. 被告人认罪，但部分认罚如何处理？实践中存在的突出情况是，危险驾驶等犯罪案件，犯罪嫌疑人对检察机关指控的事实和量刑建议中建议判处的主刑无异议，但对罚金刑有意见，认为罚金处罚过高。部分嫌疑人甚至表示，愿意增加主刑，减少罚金的处罚。但一方面，这一请求是否符合认罪认罚从宽制度的处罚精神尚待商榷；另一方面危险驾驶罪主刑的最高刑为拘役6个月，在主刑上增加处罚的空间和幅度不大，对于这类嫌疑人能否从宽？如何从宽？实践应如何操作尚不明确。

2. 被告人认罪，但无力认罚如何处理？即认罪认罚从宽制度是否需要具有实现认罚的条件才能适用？这一问题仍突出表现在罚金刑的适用上，部分犯罪嫌疑人认罪，也同意量刑建议，但在执行时又无力缴纳罚金。以盗窃、抢夺等侵犯财产性犯罪为例，犯罪嫌疑人系因缺钱实施犯罪，无力执行罚金刑，但其表示认罪认罚。如果可以适用认罪认罚从宽制度，不符合该制度关于“认罚”的要求；如果不适用认罪认罚从宽制度，可能产生有无经济能力会成为犯罪嫌疑人能否从轻处罚的一个标准，会剥夺没有经济能力的犯罪嫌疑人平等适用认罪认罚从宽制度获得从轻处罚的权利。这不仅背离了法律面前人人平等的基本原则，也不利于维护犯罪嫌疑人的合法权益。

（二）值班律师的作用不够明显

认罪认罚从宽制度中，获得律师帮助对于保障犯罪嫌疑人的诉讼权益有着至关重要的作用。犯罪嫌疑人如不能获得有效的律师帮助，难以与检察机关开展平等的量刑协商，也难以保障其决定是基于理性和自愿。实践中，值班律师制度没有发挥预想的制度效果。

1. 犯罪嫌疑人很少主动向值班律师进行法律咨询。犯罪嫌疑人主动咨询值班律师的仅占40%，60%案件的犯罪嫌疑人未咨询值班律师。相比之下,犯罪嫌疑人与检察官之间的交流更多。调研发现,嫌疑人不愿主动咨询值班律师的原因有:(1)认为没有必要,觉得咨询律师不能有助于减轻刑罚;(2)不信任值班律师,认为律师在检察院、法院和看守所值班,是国家提供的,与检察官等工作人员没有区别,咨询律师不如咨询检察官;(3)认为得不到有针对性的帮助;(4)为表明积极态度,获得从宽处罚;(5)担心被认为消极悔过。①

2. 值班律师没有提供实质有效的法律帮助。主要体现在以下三个方面。

(1)值班律师不具备辩护人的身份和地位,无法有效参与诉讼。目前关于值班律师的职能,《试点办法》多以原则性表述为主,缺乏明确、细致的规定。② 从现行规定看,值班律师在诉讼地位上不是辩护人,仅能行使辩护律师的部分职能。实践中值班律师参与认罪认罚案件,主要体现在犯罪嫌疑人提出会见时,为嫌疑人提供法律咨询。大部分值班律师在会见犯罪嫌疑人时,向嫌疑人解释什么是认罪认罚从宽制度、什么是速裁或者简易程序、认罪认罚能否获得从宽等。但会见时间一般很短,嫌疑人要想深入地探讨案情,或全面地消除疑惑,并不容易。特别是有关证据采信、事实认定、罪名确定以及量刑规范化的适用等,都是非常专业的问题,律师在短时间内很难将这些问题解释清楚。③ 同时值班律师因为没有阅卷和调查核实证据,无法就犯罪嫌疑人提出的问题进行有针对性的回答。

---

① 参见付金、于妍:《检视与构建:刑事速裁程序中被追诉人的权利保障》,载《全国法院第 27 届学术讨论会获奖论文集》,人民法院出版社 2016 年版,第 1078 页。

② 参见赵恒:《刑事速裁程序试点实证研究》,载《中国刑事法杂志》2016 年第 2 期。

③ 参见游涛:《认罪认罚从宽制度中量刑规范化的全流程实现——以海淀区全流程刑事案件速裁程序试点为研究视角》,载《法律适用》2016 年第 11 期。

(2)值班律师参与的积极性不高。《试点办法》规定值班律师可以为犯罪嫌疑人提供法律咨询、程序选择、申请变更强制措施等法律帮助。从实施情况来看,大部分值班律师除提供法律咨询以外,一般不再提供其他法律帮助。在重庆市38个基层检察院的试点中,部分检察院迄今尚无任何律师提出过变更强制措施、阅卷等申请。对于程序选择、量刑建议等,值班律师往往也只是对检察机关的意见进行确认,并无其他意见。

分析值班律师积极性不高的原因,主要包括:第一,律师值班属于上班性质,系按日计报酬,收益无法和正常办案相比。以渝北区①为例,律师值班一天收入150元,案件数量日均10件左右,其工作和收入的比例远无法和正常办案相比。第二,值班律师不是受犯罪嫌疑人的委托进行辩护,而是受司法局的指派值班,值班工作具有长期性、稳定性,部分律师为了和法院、检察院搞好关系,便于以后更顺利地开展工作,倾向于配合法院、检察院的工作。第三,部分律师认为犯罪嫌疑人已经认罪认罚,再深入进行刑事辩护无实际意义。

(3)值班律师未在量刑协商中发挥保障作用。量刑建议直接关系犯罪嫌疑人在实体上的最终处理,是认罪认罚从宽制度最重要的程序之一,但值班律师并未在量刑协商这一核心程序中发挥保障作用。在绝大部分案件中,检察官是在和犯罪嫌疑人完成量刑协商后,再通知律师到场见证具结过程。在听取律师意见时,往往只是告知其从宽处罚的建议,并不就量刑的内容与律师进行协商。而律师在提供法律帮助时,也只是在和检察官、犯罪嫌疑人进行简单交流后,便告知嫌疑人可以同意量刑建议和程序适用,并不就量刑结果提出疑议,更遑论参与量刑协商。

① 渝北区位于重庆市西北部,系重庆市主城区,常住人口146.52万人,该区整体经济水平在重庆市排名靠前。

(三)量刑标准和从宽幅度缺乏明确规定

认罪认罚从宽制度中,只有检察机关提出较为确定的量刑建议,犯罪嫌疑人才能对诉讼结果有明确的预期,才能更好地与检察机关进行量刑协商。检察机关在过去的履职过程中,重心在公诉,量刑经验尚不充足。当前的制度体系下,量刑标准和从宽幅度均缺乏明确规定,导致实践操作困难。

1. 量刑建议缺乏系统、明确的规范指导。目前检察机关提出量刑建议的主要依据是《刑法》、最高人民法院《关于常见犯罪的量刑指导意见》(一)、(二)(以下简称两个《指导意见》)及其他相关司法解释;《刑法》就各类犯罪规定了处罚标准,两个《指导意见》就量刑的基本方法、常见量刑情节的适用以及交通肇事、故意伤害等23类常见多发犯罪的基准刑规定了较为统一、明确的标准。结合近些年司法机关开展量刑规范化改革已取得的初步成效,实践中对23类常见多发犯罪提出量刑建议相对比较容易操作。

存在的问题是:第一,《刑法》就具体犯罪的处罚,规定较原则化、幅度较大,不便于实践操作。第二,两个《指导意见》没有明确23类犯罪可以适用缓刑的具体情形,致使检察机关在建议是否适用缓刑时容易与法院发生分歧。第三,两个《指导意见》中规定的量刑减少幅度针对的情况是单一的,即针对的是被告人符合其中某一项的情形。对于案件同时满足若干个条件,应如何确定减刑百分比,缺乏明确规定。[①] 第四,对23类犯罪之外的其他犯罪缺乏量刑指导。相关司法解释虽然对部分罪名的量刑作了规定,但不够系统和完整。

2. 从宽处罚的规定模糊,主要体现在以下两个方面。(1)系

① 参见郑瑞平:《比较法视野下我国刑事速裁程序之完善——以处罚令制度为视角》,载《中国刑事法杂志》2016年第6期。

统的从宽处理机制在法律规定上缺位。《刑法》关于从宽处理的规定是以自首、坦白等规定方式零星的存在，且多是对认罪从宽的规定，对认罚从宽的规定较少。认罪认罚从宽制度施行以后，自首、坦白等情形能否和认罪认罚重复适用，如何适用，存在疑问。(2)缺乏对具体从宽情节的明确规范。《刑法》关于自首、坦白、当庭认罪等认罪种类，以及退赃、退赔、取得谅解等认罚种类的规定，均属于"可以型"处罚从宽，而对于可否从宽、如何从宽，仅有较为原则的规定。[①] 同时从宽的方式有三种：从轻、减轻和免除处罚。认罪认罚制度仅有"从宽"的规定，没有具体从宽情节的明确规范，[②]导致实践中不仅量刑建议的尺度难以统一和把握，也不利于对犯罪嫌疑人形成明确的量刑激励。

3. 认罪认罚的时间早晚对从宽幅度没有决定性影响。对犯罪嫌疑人从宽处罚是基于其人身危险性的减少、改造可能性的增加及司法资源节省的考量。犯罪嫌疑人在不同诉讼阶段认罪，其人身危险性减少的程度及司法资源节省的多寡存在差别。犯罪嫌疑人认罪认罚的时间越早，反映出其悔罪程度越高，节省的司法资源也越多，其获得的从宽幅度一般应当越大。目前，犯罪嫌疑人可以基于意思表示，选择在任何诉讼阶段认罪认罚，而时间的早晚对于获得的从宽幅度没有决定性影响。特别是在未被羁押的轻微犯罪案件中，犯罪嫌疑人在刑罚上从宽的幅度不大，也不存在因认罪认罚而获得不被羁押的程序性收益，认罪认罚制度难以发挥从宽的激励作用。犯罪嫌疑人容易产生"早认罪不如晚认罪""早认罪和晚认罪都一样"的心理，不利于案件的繁简分流和快速办理。

---

① 参见北京市海淀区人民法院课题组：《关于北京海淀全流程刑事案件速裁程序试点的调研——以认罪认罚为基础的资源配置模式》，载《法律适用》2016年第4期。

② 参见刘广三、李艳霞：《我国刑事速裁程序试点的反思与重构》，载《法学》2016年第2期。

（四）社会调查制度运行不畅

自《试点办法》和最高人民法院、最高人民检察院、公安部、司法部《社区矫正实施办法》施行以来，实践中对可能宣告缓刑或判处管制的，检察机关须委托犯罪嫌疑人居住地所在的县级司法行政机关进行调查评估。认罪认罚从宽制度试点以来，沿用了该规定。在重庆市，对犯罪嫌疑人拟判处缓刑或者管制的，检察机关一般应在审查起诉阶段委托社会调查，在起诉时应将调查评估意见随卷移送法院。目前存在以下问题。

1.《刑法》已经明确了缓刑、管制的适用条件，再要求司法行政机关进行社会调查并出具意见，是进一步严格了适用缓刑、管制的程序，会缩小缓刑、管制的适用率。在实践中，对于司法行政机关认为不适合社区矫正的案件，除非司法行政机关的理由明显不当，否则法院一般都会采纳。① 这与认罪认罚制度要求对认罪认罚的犯罪嫌疑人从宽处理的设置初衷相悖，不利于节约司法资源，也不利于犯罪嫌疑人顺利回归社会，增加了社会对立面。②

2. 对外地犯罪嫌疑人开展社会调查存在困难。目前司法行政机关只对实际长期居住在本辖区的犯罪嫌疑人开展社会调查，对于仅户籍地或仅暂住在本辖区的犯罪嫌疑人一般不接收委托调查。当前社会人员流动大，跨区活动情况普遍，外地犯罪嫌疑人的数量较多。而跨区、跨省之间的社会调查平台未全部联网，信息数据不能有效流转，对居住在外地的犯罪嫌疑人进行社会调查存在困难，影响检察机关对符合缓刑条件的外地犯罪嫌疑人建议适用缓刑，致使外地犯罪嫌疑人无法与本地嫌疑人在适用缓刑方面获

---

① 从实践调查的情况来看，明显不当的原因包括：（1）司法行政机关以调查期限不足、无法开展调查评估为由，建议不适用社区矫正；（2）司法行政机关以被调查人未实际居住在本辖区、无法开展社区帮教为由，建议不适用社区矫正。

② 参见原立荣：《刑事速裁程序实证研究——以 C 市 J 区为分析样本》，载《首都师范大学学报》（社会科学版）2016 年第 1 期。

得相同对待。

四、改革建议

(一)明确认罚的含义及限度

鉴于实践对认罪认罚从宽制度的内涵,特别是对认罚的理解和把握不够充分的情况,建议以规范性文件的形式进一步明确制度的含义和外延。所谓认罚,是指在审查起诉阶段,犯罪嫌疑人认可刑罚的内容,具体包括对主刑、附加刑以及刑罚执行方式的认可,最直接的表现是同意量刑建议;在审判阶段,犯罪嫌疑人能够自觉履行判决所带来的各种强制性义务,包括人身义务和金钱义务。一般来说,犯罪嫌疑人在审查起诉和审判阶段的行为履行具有统一性,即大部分犯罪嫌疑人在审查起诉阶段同意检察机关提出的量刑建议后,会履行法院的判决。在没有履行的情况下,应区别对待。

1. 犯罪嫌疑人在审查起诉阶段不认罚,而在审判阶段认罚并能够实际履行判决,应视为“认罚”,但从宽幅度上应小于在审查起诉阶段认罚的情形。

2. 犯罪嫌疑人在审查起诉阶段认罚,在审判阶段不认罚,应视为“不认罚”,不能适用认罪认罚从宽制度。

3. 犯罪嫌疑人认罪,但部分认罚,应根据具体情况处理。对于认可主刑,因无能力缴纳罚金而不认可罚金刑的,为体现制度的宽宥精神,应视为“认罚”。在犯罪嫌疑人同意的情况下,可适当增加主刑的刑罚,减少罚金刑的处罚。但在提出具体量刑建议时,应注意把握好尺度。相反,犯罪嫌疑人不认可主刑,同意罚金刑并愿意多缴罚金减少主刑,不视为“认罚”,以避免造成“花钱买刑”的情况。对于认可主刑,因不愿意缴纳罚金而不认可罚金刑的,应视为“不认罚”,不适用认罪认罚从宽制度。该处理方式适用于犯罪嫌疑人认罪,但无力认罚的情形。

(二)完善值班律师制度

1. 建立值班律师准入制度。在选任条件上,不能因为犯罪嫌疑人认罪认罚而降低律师的选任标准,应当选择业务素质高、责任心强、具备一定刑事办案经验的律师担任值班律师,确保犯罪嫌疑人能够获得高质量的法律帮助。

2. 明确值班律师的法律地位和权利职责。值班律师虽不是辩护人,但在权责设置时可比照辩护律师进行,在诉讼地位上体现为"准辩护人"。(1)值班律师的权利主要包括:侦查阶段有权了解案件罪名、会见犯罪嫌疑人;审查起诉阶段有权阅卷、会见犯罪嫌疑人、参与量刑协商,在量刑协商时,有权要求检察机关提供形成量刑结果的利害信息。(2)值班律师的职责主要包括:向犯罪嫌疑人提供法律咨询,解释认罪认罚从宽制度的基本内涵、运行模式和法律后果;向犯罪嫌疑人释明认罪认罚的利弊得失,确保嫌疑人系自主作出选择;帮助犯罪嫌疑人与检察官进行量刑协商,最大限度地为嫌疑人争取从宽结果。

3. 健全值班律师的管理保障制度。一方面,司法行政机关应当加强监督,定期对值班律师的履职情况进行考评,防止值班律师制度流于形式。另一方面,应加大对值班律师的财物保障,通过提高待遇,调动工作积极性,提高值班律师的工作质量。

(三)完善量刑规范和从宽体系

1. 制定明确、系统和具有可操作性的量刑指导规范。因案件情况的多样性和复杂性,仅凭法院的力量制定系统的量刑规范比较困难,需要法院、检察院的共同探索。检察院可以先对部分罪名进行确定型量刑建议试点,通过分析总结,逐步形成类案的量刑指导规范。在做好量刑数据统计的基础上,可以借助大数据分析,将更多的罪名纳入规范指导,将更多的量刑情节予以规范,以形成明确、系统和具有可操作性的量刑指导规范。

2. 明确从宽处罚的幅度,强化从宽处罚的确定性。除程序上体现诉讼从快、强制措施从轻等后果以外，在刑罚适用上充分体现从宽处罚。(1)明确认罚可以从宽。犯罪嫌疑人同意量刑建议，或者具有真诚悔罪、积极退赃、取得谅解等认罚情节的，均可以从宽处罚，且可以与自首、坦白等认罪从宽情节重复适用。(2)增加应当从轻、减轻和免除处罚的具体适用情形，实现"应当型"从宽与"可以型"从宽的协调适用。(3)细化从宽处理的具体标准。如在两个《指导意见》就自首从宽处理的规定上，进一步明确"40%以下""40%以上"等幅度的具体层级，为量刑建议工作提供明确指引。

3.规定具有差异性的从宽处理机制。根据案件类型、时间节点、具体情节等科学设置认罪认罚的从宽幅度，在体现量刑公平正义的同时，引导犯罪嫌疑人尽早认罪认罚。(1)根据案情轻重、犯罪嫌疑人主体的特殊性等，实行有差异的从宽处理。重罪案件的从宽幅度小于轻罪案件，犯罪嫌疑人是盲、聋、哑、未成年和老年人等特殊主体的从宽幅度大于普通犯罪嫌疑人。(2)根据时间节点，规定审前认罪认罚从宽处理的幅度高于审判阶段。(3)根据具体情节，在从宽处理上体现出差异。例如，自首和主动认罪认罚的从宽幅度大于被动到案和被动认罪认罚；积极退赃、退赔、取得谅解的从宽幅度大于单纯认罪认罚的从宽幅度等。

(四)完善社会调查评估制度

1.明确调查评估意见仅是适用缓刑、管制的参考。法院要正确适用缓刑、管制，充分发挥恢复性司法的积极功能，应结合案件事实、被告人认罪情况、有无再犯危险、对所居住社区有无不良影响等进行综合判断，不应将调查评估意见作为衡量是否适用缓刑和管制的当然条件。如被告人符合缓刑、管制条件，应依法对其宣告缓刑和判处管制。司法行政机关对于法院的判决应当接受，不得因与其出具的调查评估意见相左而拒绝执行。

2.建立全国联网的社会调查评估平台。充分发挥信息数据和科技手段的作用,探索运用互联网技术整合各地司法行政机关的信息资源。一方面,研发全国统一的社会调查评估信息平台,设置具体的项目和类别,要求各单位及时将本辖区的调查信息录入平台;另一方面,在统一信息平台的基础上,通过互联网技术将各区县、各省市的调查评估平台进行全面对接。实现信息即时共享和文书网上流转,促进社会调查工作的信息化发展。

在全国联网的社会调查评估平台建成的基础上,对于外地犯罪嫌疑人,检察机关需要委托社会调查的,可直接向本区司法行政机关进行委托。本区司法行政机关应当接收,并在收到委托调查函后及时流转给犯罪嫌疑人所在地的司法行政机关调查评估。调查完成后,通过文书的网上流转,将调查评估意见返回。

(责任编辑:齐　涛)

关于认罪认罚从宽制度的几点思考

高 星*

目 次

* 高星，辽宁省人民检察院公诉一处员额检察官，刑法学博士。

《刑法修正案(八)》正式将"坦白从宽"的刑事政策法定化,可以说是一改长期以来司法实践中对"坦白从宽"适用上的随意性和不确定性,有效促使了被追诉人的认罪和悔罪,一定程度上实现了矫正犯罪和提高诉讼效率的目的。2016 年 11 月,最高人民法院、最高人民检察院、公安部、国家安全部、司法部下发《关于在部分地区开展刑事案件认罪认罚从宽制度试点工作的办法》(以下简称《试点办法》),可以说是我国宽严相济刑事政策的进一步制度化和具体化。本文以认罪认罚从宽制度试点一年来的的司法实践为基础,对几个具体司法实践问题展开探讨,略抒己见。

一、认罪认罚从宽制度的内涵

(一)认罪的内涵

认罪即被追诉人自愿承认犯罪事实并接受刑事处罚。认罪按不同角度可以有多种分类,但不同的分类体现的共同本质是根据认罪的不同程度得到不同的刑法评价,也因此决定了最终量刑从宽的幅度,全面体现罪责刑相适应的基本原则。

1. 区分不同阶段的认罪

刑事诉讼中,认罪行为可以发生在各个诉讼阶段。《试点办法》也未严格限定适用从宽制度的具体诉讼阶段,即侦查阶段、审查起诉阶段和审判阶段均可以适用该制度。但发生在不同阶段的认罪,或者先认罪后翻供又再认罪的情况,应区别对待。笔者认为,认罪早晚和是否反复代表了认罪的积极程度,因此应该体现在最终的量刑从宽幅度上,从诉讼时序上把握认罪认罚从宽的不同意义。应该坚持先认罪优于晚认罪,始终认罪优于认罪不稳定的总原则。根据英国法律的规定,被告人认罪可以对刑事案件的程序和量刑产生重要的影响。一旦其自愿认罪即无须审判而直接进入量刑阶段,且被告人享受法定的"量刑折扣"优惠。在英国刑事诉讼中,被告人在不同阶段认罪将获得不同的量刑折扣,越早认罪则折扣幅度越高。[①] 如某试点市针对认罪认罚从宽制度试点制定的《实施细则》中就规定，“（一）对于审查起诉阶段认罪认罚的被告人，原则上减少基准刑的30%以下；（二）对于审判阶段认罪认罚的被告人，原则上可以减少基准刑20%以下。经人民法院、人民检察院协商一致的，也可以减少基准刑30%以下”。这样明确规定不同阶段认罪可以取得逐级递减的量刑折扣幅度，以鼓励被追诉人尽早认罪、主动认罪。

2. 区分不同程度的认罪

涉及多罪名多事实的被追诉人，可能只针对部分罪名或部分事实认罪，这就要求司法机关结合其他证据综合加以判断。如果其他证据显示其全部犯罪事实均清楚，就应该根据其认罪情况加以区别对待。彻底完全的认罪反映了其对自身行为的认识程度和悔悟程度；不彻底完全的认罪可能是表面的认罪、不稳定的认罪或避重就轻的认罪，相比彻底认罪理应得到相对较低的刑法评价，应该仅对其认罪的事实予以确认从宽，对未认罪的部分应该依法判决。

3. 区分主动被动的认罪

认罪包括主动认罪和被动认罪，这就类似于一般自首和特别自首的区别（可以认定为自首但要在量刑上予以区别）。主动认罪是完全出于主观能动性，在排除外界干扰或压力的情况下真心悔罪、悔悟，完全认识到自身行为的不法性，反映了认罪态度的坚决性和稳定性；被动认罪则是在外界因素作用下，如司法机关的引导或律师的咨询后，自身综合平衡判断作出的理性认罪，是权衡利弊的结果，反映了认罪态度的不确定性和不稳定性。因而，主动认罪应该得到更高的刑法评价。这样做既有利于司法资源的进一步合理安排，防止将大量司法资源用于鼓励认罪上，也有利于对被追

① 郑曦：《英国被告人认罪制度研究》，载《比较法研究》2016年第4期。

诉人的彻底改造。

（二）认罚的内涵

认罚应当包括对刑罚的认可和对退赃退赔、赔偿损失的认可。司法实践中对退赃退赔和赔偿损失方面的处理涉及多方利益，应给予重点关注。这也是认罪认罚案件能否处理好的关键所在。

1. 正确看待客观不能的认罚

尊重和保障刑事被害人的合法权益，对于减少社会对抗、修复被损害的社会关系、化解矛盾意义重大，也将直接影响认罪认罚从宽制度的实际效果。[①] 在被害人提出合理要求，而被追诉人也确实没有能力满足的情况下，也不应影响认罪认罚制度的适用。但需要特别注意的是，此类案件有可能因被害人要求未被满足，而被追诉人最终又被从宽处理，因而易引发信访事件。

2. 谨慎处理索赔不当的认罚

司法机关在处理案件上不能受被害人意志左右，以防出现被害人为寻求不当赔偿而“漫天要价”的现象；判断和处理此类案件必须严格执法，体现公平正义。对于因被追诉人确无赔偿能力而不能满足被害人不合理要求的，同样不应影响认罪认罚从宽制度的适用。但要注意被追诉人为了能够获得量刑从宽而达成和解，却满足了被害人不当赔偿要求的情况；对此类案件，司法机关也要予以谨慎处理，避免被追诉人认罪情况出现反复，或最终判决结果低于被追诉人心理预期而选择上诉的情况，同时也应避免留下“花钱买刑”之嫌。

二、认罪认罚从宽制度的现实问题

（一）关于适用罪名的问题

根据《试点办法》的规定，除第 2 条规定的四类情形外，其他

---

① 参见最高人民检察院副检察长孙谦孙谦 2017 年 9 月 18 日“在检察机关刑事案件认罪认罚从宽制度试点工作部署会上的讲话”。

案件只要符合适用条件均可以适用。这不同于速裁程序试点时所限定的11种罪名,而是与《刑法》所规定的自首一样,认罪认罚从宽制度没有对适用案件的罪名和可能判处的刑罚作出限定;但不代表认罪认罚从宽制度与自首在适用上没有区别。某试点市院就创新地在《实施细则》中设定了慎用条款,即将五类犯罪设定为慎用认罪认罚从宽制度的案件类型,提示办案人对这些犯罪要慎重把握,区别予以对待,既确保大胆适用认罪认罚从宽制度,又确保其不被滥用。

(二)关于证明标准的问题

当前刑事司法中对证据规格的要求和证明标准的把握日趋严苛,如果证据难以收集固定,导致达不到"确实充分"的要求,就势必影响惩治犯罪的力度。但试点开始以来,无论是理论界还是实务界均有声音提出应降低证明标准,有学者就提出满足"基本事实清楚、基本证据充分"即可。[①] 但笔者认为,认罪认罚从宽制度不是为了降低证明标准,而是为了促使被追诉人及时认罪并如实供述犯罪事实,配合司法机关查明犯罪事实、收集固定证据。因此不能错误地将认罪认罚制度理解为对证据规格的"架空"和证明标准的"松绑"。在实践中,既要防止认罪认罚案件没有实质性从快从简,更要防止过度追求认罪依赖口供的历史倒退。

(三)关于从宽幅度的问题

如前所述,被追诉人不同阶段的认罪代表不同程度的悔罪;同时,不同罪名的法定刑不同、相同罪名不同犯罪事实的基准刑也不同,均不能按照一个从宽标准给予一样幅度的量刑折扣。在坚持法内从宽和合理从宽的总体原则、避免片面从严和一味从宽的两种偏差的大前提下,应按照认罪认罚阶段和罪名法定刑的不同,提

① 樊崇义:《试点要准确定位把握程序本质特征》,载《人民法院报》2015年9月9日。

出量刑建议时明确从宽比例幅度区别,既保证对被追诉人的有效激励,又保证罪责刑相适应。

(四)关于可否上诉与二审启动的问题

针对认罪认罚可否上诉的问题,目前存在可与不可两种倾向。笔者倾向于可以允许被告人上诉,因为我国司法审判的二审终审制是不可动摇的,被告人的诉讼权利是必须得到切实保障的。但是一审认罪后的上诉(除其之前认罪认罚系非真实自愿的情况外)应该排除其再适用认罪认罚从宽制度的可能,以防止被告人认罪态度反复,浪费司法资源。同时,《试点办法》并未严格限定认罪认罚从宽制度仅适用于一审程序,因此二审案件应该同样可以适用该制度;但目前各试点地区对此执行情况不一。所以,应及时明确一审认罪认罚案件可否上诉和二审可否适用认罪认罚制度的程序要求和实体要求,既保证被告人权利,又防止司法资源的滥用。

三、认罪认罚从宽制度的完善路径

(一)"稳中求进",开展认罪认罚从宽制度应加强合法性审查

针对认罪认罚从宽制度试点工作,认识是前提、落实是核心、保障是关键;其中,合法性的保障更是关键中的关键。笔者认为认罪认罚的合法性包括两个方面,即认罪认罚的自愿性和认罪认罚的真实性。这是认罪认罚的两个不同方面:一方面要确保被追诉人认罪认罚是出于本身自愿,没有侦查部门或律师的引诱误导或强制威胁;另一方面要确保被追诉人认罪认罚是真实可信的,没有冒名顶替。

1. 认罪认罚自愿性审查

认罪认罚的自愿性是认罪认罚制度的核心要求,也是基本底线。保证被追诉人在自愿的情况下签署具结书,并最终在法庭当庭认罪悔罪,是保证认罪认罚案件的基本公正和最低要求。如何保障被追诉人是自愿认罪认罚,成为试点之初亟待解决的前置性

难题。[①] 为保证认罪认罚的自愿性,为犯罪嫌疑人提供法律支持的律师责无旁贷。无论是聘请的辩护律师还是值班律师,必须把认罪认罚的自愿性审查作为第一要务,必须保证犯罪嫌疑人完全知悉认罪认罚的法律后果,并自愿签署认罪认罚具结书,防止无辜的人因担心可能承受更重量刑的风险而被迫选择认罪来获得较轻的刑罚。这也是《试点办法》设置了强制律师介入程序,即规定签署具结书必须有律师在场见证的特别考虑。公诉部门和审判机关作为代表公权力的司法机关,加强自愿性的审查是其职责所在,应严防非自愿的认罪认罚案件进入审判程序,从而作出错误裁判。

2. 认罪认罚真实性审查

认罪认罚的真实性表明犯罪嫌疑人是客观真实地供述自己所犯罪行,而不是冒名顶替。对于认罪认罚案件无论是侦查机关在侦查阶段还是公诉部门在审查起诉阶段,均应高度重视认罪认罚真实性的审查,不能因为被追诉人认罪认罚了就放松了对案件的把握,降低了证明标准。从司法实践来看,某些特定罪名的案件如交通肇事、危险驾驶和故意伤害等,极易发生冒名顶替的情况。如某试点基层院近年来就在审查起诉阶段,通过查细节、查矛盾、查漏洞主动发现并纠正了四起冒名顶替案件。这也为认罪认罪从宽制度试点敲响了警钟,在保证被追诉人认罪认罚自愿性的同时也要高度重视对其真实性的审查,严防错案发生。

(二)"变中求新",落实认罪认罚从宽制度应加强规范化操作

所谓制度即意味制约有度,既要防止对其的盲目滥用,也要防止对其的搁置不用;既要保护司法权威,也要保护公民权利。目前认罪认罚从宽制度处于试点初期阶段,必须要以当前司法实践中的突出问题为切入点,及时对其建章立制、规范操作,才能为顶层

① 参见陈瑞华:《"认罪认罚从宽"改革的理论反思——基于刑事速裁程序运行经验的考察》,载《当代法学》2016年第2期。

设计提供有益参考,为法律完善提供实践支持。

1. 值班律师不代表兼职援助,法援制度化迫在眉睫

值班律师制度不是由速裁程序试点首次创设;早在 2006 年,河南省就启动了法律援助值班律师制度,提供诉前调解代理、未成年人被讯问时律师到场等免费法律服务;而在 2014 年该制度作为刑事案件速裁程序试点的重要一环被纳入其中。司法部和财政部联合下发的《关于律师开展法律援助工作的意见》中规定,推进法律援助参与刑事案件速裁程序、认罪认罚从宽等诉讼制度改革工作。组织引导律师为速裁程序、认罪认罚从宽以及其他诉讼改革程序犯罪嫌疑人、被告人提供法律咨询、程序选择等法律帮助。从域外司法实践来看,律师介入提供法律咨询帮助,可以将认罪认罚的非自愿性比例大大降低。但在我国,律师参与刑事诉讼的比例却不足 30% 。[①] 在认罪认罚从宽制度试点地区的司法实践中,基层院受理的案件中律师参与率更低,并且值班律师落实不到位,导致该制度试点陷入了“认罪认罚的无律师、有律师的不认罪认罚”的司法困境。如某试点基层院,2016 年 12 月 26 日至 2017 年 2 月 25 日,共受理案件 39 件 40 人,其中 5 件案件中 5 名犯罪嫌疑人聘请了辩护人,聘请律师的比例为 12.5% 。

速裁程序和认罪认罚从宽制度适用的正当性离不开律师的介入和有效参与。[②] 因此,为保障制度的有效开展,加强值班律师的配备迫在眉睫。同时,要切实加强值班律师法律援助的实质化,不能将值班律师等同于兼职援助,降低援助标准,虚化援助内容,让值班律师的见证程序流于形式。笔者认为,为保证值班律师精准定位、有效参与,提高援助质量、规范见证程序,要从以下三方面入手:一是加强人员保障,可以先通过自愿加入的形式,构建各地值

---

① 数据来源于中华全国律师协会。

② 参见陈卫东:《认罪认罚从宽制度研究》,载《中国法学》2016 年第 2 期。

班律师的人员库。人员不足的可以考虑将实习律师引入到值班律师制度中,因为值班律师并不等同于代理律师,而是属于见证人提供法律服务,可以不视为代理案件。这样既可以缓解值班律师的缺乏,也可以有效积累实习律师的工作经验。二是加强经费保障,有效调动律师参与值班工作的积极性。司法部门应加强与财政部门的沟通,把值班律师经费纳入年度法律援助财政预算。同时,应根据各地实际情况提高值班律师补贴标准,调动律师参与法援值班工作的积极性,确保值班律师制度的可持续性发展。三是加强制度保障。值班律师制度作为认罪认罚制度的关键环节,既需要上层决策机关的大力推进,更需要可操作性强的规章制度予以保障,并切实保障制度落地生根。

2. 程序简化不代表庭审虚化,庭审实质化大势所趋

刑事案件的庭审虚化是司法实践长期存在且未能被有效解决的制度性问题,突出体现在证据审查特别是言词证据审查的形式化,以及举证和质证趋于简化两个方面。速裁程序试点规定省去法庭调查和法庭辩论,旨在提高案件审判效率;但庭审程序的简化不代表虚化,庭审实质化的方向不会改变,辩护律师参与下的庭审实质化也是大势所趋。有观点认为实质化的庭审需要耗费大量的司法资源,不可能也无必要适用于所有案件,对于速裁程序案件或认罪认罚案件可不适用。当前在试点地区的司法实践中也确实出现了庭审流于形式的现象,出现了"审判分离"的倾向,即出现"先判后审"的情况。在刑事诉讼各方对于认罪认罚的法律后果均已明晰,检法沟通良好的情况下,准确的量刑建议基本就是判决结果,最终导致各方默认均将庭审形式化。但笔者认为,庭审实质化应全面铺开,不能有例外和死角,但实质化的侧重点应有所区别。针对速裁程序或认罪认罚案件的审查侧重点应是对被告人认罪认罚合法性的审查,这也是保障认罪认罚案件合法性的最后关口。最高人民法院《关于处理自首和立功具体应用法律若干问题的解

释》第1条规定:“犯罪嫌疑人自动投案并如实供述自己的罪行后又翻供的,不能认定为自首;但在一审判决前又能如实供述的,应当认定为自首”。参考此司法解释的精神,庭审对于判断被告人是否自愿真实认罪认罚至关重要,这也是被告人寻求认罪认罚从宽的最后机会。

3. 量刑建议不代表判决结果,量刑精准化势在必行

我国的认罪认罚从宽制度不同于美国的辩诉交易,不减少指控罪名且不降低指控数量;但二者有一个基本相同的出发点和立场,就是司法机关谋求的是诉讼效率的提高及司法资源的节约,被追诉人谋求的是迅速审判的程序性收益和从宽处理的实体性收益。量刑激励机制发挥作用要求犯罪嫌疑人、被告人对量刑结果有合理预期,其自愿认罪认罚能够获得量刑减让,并在庭前就量刑与控方有一定的协商空间。[①] 笔者认为,量刑建议中应该明确列明折扣比例的幅度和具体减少的刑期,就好比商品优惠折扣一样,必须让犯罪嫌疑人、被告人明确看到认罪认罚后的量刑从宽的实际程度,才能有效促使其从不认到认、从不完全认到完全认、从被动认到主动认。这就要求公诉人员必须有较高的量刑建议水平,否则量刑建议不准确,导致最终判决结果与量刑建议相去甚远,要么影响检察机关的司法权威,长久以往,使法院、被告人丧失对量刑建议的信服;要么打破被告人的心理预期,甚至有可能导致被告人翻供上诉。某试点市院就及时抓住这个推进试点工作的切入点,高度重视公诉人员量刑建议的能力提升,专门邀请法院资深的量刑规范化专业人士授课,切实提高量刑建议的准确性和规范性。这样做切实做到了从检察机关在认罪认罚制度中的薄弱环节入手,及时补齐短板,有利于制度的稳步推进。当然,要达到量刑建

① 参见喻丹:《关于刑事案件认罪认罚从宽制度的几点思考》,载《人民法院报》2016年11月2日。

议和判决结果的高度一致,既需要检法两家的默契与配合,更需要经历司法实践长期的锤炼与磨合。

四、结语

认罪认罚从宽制度正处于试点阶段,中央及省级各司法部门应该加强横向联系与对下指导,但改革的重心仍在基层,执行仍在一线;特别是各具体案件办案人,必须以“稳”的责任意识和“进”的担当精神稳中求进,坚持做到从快不降低标准、从宽不放纵犯罪、从简不减少权利。要秉持自愿认罪、主动认罚的理念,明确程序从简、实体从宽的目标,坚持法内从宽、合理从宽的原则,严防权权交易、权钱交易的出现。

（责任编辑:齐　涛）

认罪认罚从宽制度的争议问题与构建进路

刘致宏　陆　旭　于　宁*

目　次

* 刘致宏，天津市人民检察院公诉处处长；陆旭，天津市人民检察院公诉处检察官助理；于宁，天津市人民检察院公诉处检察官。

(四)探索完善认罪认罚案件快速办理机制

四、余论

认罪认罚从宽制度试点以来取得了良好的效果,但这项改革在理论界和实务界仍然存在很多重要争议问题需要探讨,学界的诸多设想和制度设计也需要司法实践的不断检验,从而构建科学完善的认罪认罚从宽制度。通过梳理各类问题,笔者发现争议的根本在于对该制度追求价值的理解分歧。因此,对于该制度的讨论和设计可以从制度所蕴含和追求的价值层面进行探究,以制度构建的初衷为切入点,以司法现实为基础点,以价值实现为平衡点,方能管窥构建认罪认罚从宽制度的合理进路。

一、认罪认罚从宽制度的价值体认——基于法理与实践的双重考量

刑事诉讼制度的价值是指该制度的存在及运行对刑事诉讼活动主体需求的满足及其所具有的某种功效和所产生的积极作用。认罪认罚从宽制度最主要的价值是诉讼效益[①]和司法公正两个方面,前者是该制度的首要价值,而后者是该制度的本质价值。只有正确理解和合理阐释效益与公正的二元价值体系,才能对认罪认罚从宽制度中诸多争议问题得出合理的结论,并最终将二者辩证统一、贯穿于制度构建始终。

(一)需要与可能:认罪认罚从宽制度的效益价值

多年来,我国刑事司法一直面临着"案多人少"的压力,无论立法还是司法实践都试图竭尽全力摆脱这种窘境,但效果并不理想。近年来,这种情况越发严重,主要原因在于:第一,劳动教养制度废止后,立法机关基于一些行为社会危害性的考虑将这些行为

① 本文中的效益包括效率和利益,是指认罪认罚从宽制度无论对被告人还是司法机关而言,均可以提高诉讼效率,并产生诉讼利益。

纳入了《刑法》的打击范围,刑事案件数量激增。第二,司法体制与工作机制也是重要原因。一定数量司法工作人员不办案、司法辅助人员不足。尽管司法改革后这种情况将得到根本性改变,但要想从根本上解决这些问题,仍需要一个过程。第三,以审判为中心的诉讼制度改革要求庭审实质化,强化庭审的举证、质证、辩论,推动证人、鉴定人出庭作证,客观上更需要对相对简单的案件进行诉讼分流。[①] 美国刑事司法经验表明,如果没有高达90%左右的刑事案件通过辩诉交易程序得到快速解决,对抗式诉讼制度将处于不堪重负甚至濒于崩溃的境地。[②] 为此,从2014年6月起,最高人民法院、最高人民检察院在全国人大常委会的授权下开展了刑事案件速裁程序试点工作。刑事速裁程序两年的探索充分证明程序分流是优化司法资源配置、提升诉讼效率、破解案多人少矛盾的有效途径。但仅仅以繁简程度为标准分流案件已经不能满足实践需求,认罪认罚从宽制度将成为有效程序分流进而提高诉讼效率的必然之选。

同时,认罪认罚从宽制度还将给刑事诉讼主体带来丰富的诉讼利益:对于司法机关而言,该制度既可以减少司法成本耗费,又可以通过"认罚""退赃"等方式及时实现刑罚权。对于被告人而言,该制度既可以使其获得从宽处罚,获得量刑减让,又可以缩短羁押期限,得到及时审判,防止出现"刑期倒挂"的不利后果。对于被害人而言,可以通过被告人"认罪""退赔"等方式获得补偿。可见,认罪认罚从宽制度能够破解"司法资源供给侧结构性矛盾",具有实现诉讼效益的价值基础。一般认为其效益价值实现

① 参见魏晓娜:《完善认罪认罚从宽制度:中国语境下的关键词展开》,载《法学研究》2014年第4期。

② [美]弗洛伊德·菲尼、[德]约阿西姆赫尔曼、岳礼玲:《一个案例、两种制度:美德刑事司法比较》,中国法制出版社2006年版,第329页。

的方式主要包括:缩短诉讼周期、简化诉讼程序、优化司法资源等。①

（二）标准与底线:认罪认罚从宽制度的公正价值

一般认为,刑事诉讼中的公正就是指诉讼的程序正义和实体正义:除了要求判处刑罚符合正义要求外,还体现为程序的参与性、对等性、合理性及裁判者的中立性等多个程序正义要素。认罪认罚从宽制度充分尊重了被告人的诉讼主体地位和自由处分权,赋予其一定协商权利,蕴含了平等、自由的价值理念;②同时,在被告人放弃部分程序利益的情况下,给予一定的实体从宽利益,保证了案件整体上的公正。③“公正为本,效益优先”,认罪认罚制度兼顾了效益与公正,实现了二者的现实统一,一方面通过提高诉讼效率、优化司法资源,实现“简案速办,难案精办”,更大意义上实现了司法公正,也通过量刑减让、有效补偿被害人等方式实现了个案公正;另一方面以公正为底线防止诉讼简化导致程序不公,成为认罪认罚从宽制度设计不可逾越的樊篱。

二、认罪认罚从宽制度的重点争议问题——以价值实现为出发点

认罪认罚从宽作为一项力求完善的诉讼制度改革和系统化的制度构建工程,在价值理念和实践操作上都应紧紧围绕其基础价值展开,通过理念更新和制度创设来实现诉讼效益和司法公正。目前学术界和司法实践中关于认罪认罚从宽制度的诸多争议多是围绕上述价值认识偏差而展开。以下,笔者结合认罪认罚从宽制度的上述价值,对该制度部分重要争议问题进行分析。

---

① 参见潘金贵等:《轻微刑事案件快速办理机制研究》,中国检察出版社2015年版。

② 参见陈明:《认罪认罚从宽制度的理论探究》,载《犯罪研究》2016年第4期。

③ 参见白月涛、陈艳飞:《论程序性从宽处罚——认罪认罚从宽处罚的第三条路径探索》,载《法律适用》2016年第11期。

(一)实现认罪认罚从宽制度效益价值的诉求与安排

如前所述,合理地配置、利用司法资源来充分提高刑事诉讼效益是认罪认罚从宽制度提出和设计的初衷,因此,该制度构建时应力求诉讼程序的简便性、经济性和过滤性。以往的刑事诉讼程序简化主要集中在简化庭审方式和压缩庭审期限上,并没有针对侦查和审查起诉进行尝试。在未对进入审判流程的案件予以合理控制的情况下,上述努力只能是杯水车薪。因此,构建包括诉前分流、诉中分流在内的有效的案件审前分流机制尤为重要。

1. 诉前分流:侦查阶段可以启动认罪认罚从宽制度

关于侦查阶段是否可以启动认罪认罚从宽制度,是理论和实务界争议最大的问题之一。否定者认为,认罪认罚从宽制度只能在审查起诉阶段和审判阶段发挥特定优势,而不能适用于侦查阶段,主要理由是担心侦查机关为了协商取得口供而放弃侦查职责,疏于全面收集证据,使认罪认罚缺乏事实基础,甚至采取刑讯逼供、威胁、引诱等方式不当取证,出现冤假错案,使案件达不到"事实清楚,证据确实、充分"。该论者进一步认为,犯罪嫌疑人在侦查阶段认罪认罚,但从宽处理要通过后续起诉程序、审判程序实现。① 肯定者则认为,认罪认罚从宽制度作为宽严相济刑事政策的直接体现,存在于侦查、审查起诉、审判和执行的整个阶段。②

笔者赞同侦查阶段可以启动认罪认罚从宽制度的观点,理由如下:第一,上述否定论者没有全面理解认罪认罚制度,该制度是一项集合性法律制度,包含若干子制度,或者说可以分解为若干程序,其中第一个程序就是认罪认罚确认程序,即办案机关对犯罪嫌疑人、被告人自愿认罪认罚的意思表示的确认。该程序的启动阶

① 参见陈卫东:《认罪认罚制度研究》,载《中国法学》2016 年第 2 期。

② 参见陈光中、马康:《认罪认罚从宽制度若干重要问题探讨》,载《法学》2016 年第 8 期。

段当然取决于犯罪嫌疑人、被告人何时作出这种意思表示；就此而言没有阶段限制，完全可以适用于侦查阶段。第二，前述否定的观点是建立在对认罪认罚从宽制度作狭义界定——仅指“认罪认罚协商”——的基础上。但实际上，认罪认罚协商仅是认罪认罚从宽制度的子制度；况且此种协商是否排除侦查阶段也不尽必然。第三，从司法实践出发，在侦查阶段认罪认罚，很有可能会影响犯罪嫌疑人被适用的强制措施及案件侦查终结后的处理结果，会对犯罪嫌疑人产生“从宽处罚”的效果，更有利于犯罪嫌疑人。[①] 第四，《刑法》中对自首、坦白等从宽处罚制度均没有排除侦查阶段，最高人民法院《关于常见犯罪的量刑指导意见》（以下简称《量刑指导意见》）又分别将自首、坦白和当庭自愿认罪作为从宽处罚量刑情节分别规定减少基准刑的不同幅度；由此可以看出，总体的基本原则是认罪认罚越早，越能够获得更大的量刑折扣。因此，从有利于被告人的“公正价值”的角度，以及侦查阶段认罪认罚有利于查明案件事实、节约司法资源、实现诉前分流的“效益价值”出发，应当允许在侦查阶段适用认罪认罚从宽制度。据此，犯罪嫌疑人可以向侦查机关和侦查人员自愿认罪认罚，申请启动认罪认罚从宽程序，并申请辩护人或者值班律师提供法律帮助。

2. 诉中分流：赋予检察机关程序终结权

有的观点认为，在认罪认罚从宽程序中，公诉机关与犯罪嫌疑人之间的认罪认罚协商要经过人民法院的审查确认；以此为逻辑基础便可以得出在认罪认罚案件中，检察机关不具有终结诉讼程序的权力，即不可以作出不起诉决定的结论。但是这种结论无论与认罪认罚从宽制度的价值理念还是与司法实践的现实均是格格不入的：首先，多年来我国刑事司法改革多是立足于简化审判程

① 参见熊秋红：《认罪认罚从宽的理论审视与制度完善》，载《法学》2016年第10期。

序，无论是简易程序还是速裁程序都是对审判活动的压缩。截至目前可精简程序已十分有限，并且这种简化无法减少进入审判程序的案件数量，分流效果有限，不能彻底缓解司法机关的办案压力。因此，当前应重点改革审前程序，建立审前分流机制；而认罪认罚从宽制度便具有此种功能，通过公诉机关与犯罪嫌疑人的认罪认罚协商，从而通过行使起诉裁量权将部分案件排除在审判程序之外，有效提高刑事诉讼效率；同时，该制度将单一的审判分流改造为刑事诉讼全程分流，从而实现全程提速，也深层次地体现了对被追诉人程序性利益的关切。其次，我国已经具有了审查起诉阶段分流的制度雏形，如 1996 年《刑事诉讼法》规定了酌定不起诉制度，2012 年《刑事诉讼法》在继续保留酌定不起诉制度的基础上又在未成年人刑事案件中引入了附条件不起诉制度。[①] 如果说，在原有制度下，检察机关尚可以作出不起诉决定，而在当下认罪认罚的案件中却不能够作出不起诉决定，显然是一种实践逻辑上的荒谬。最后，检察官享有广泛的自由裁量权，这是其与犯罪嫌疑人、被告人进行认罪认罚协商的基础，也是认罪认罚从宽制度能够有效运转的重要条件。试想，如果公诉人不具有撤销指控或者降格指控的权力，符合起诉条件的案件必须一律起诉并将诉讼进行到底，那么他拿什么作为筹码去换取犯罪嫌疑人、被告人的认罪认罚呢？[②] 对此，有观点认为，对于检察机关在控辩协商过程中审查决定不起诉的，检察机关应将决定报请法院进行审查。[③] 笔者认为，由于法院并不是法定监督机关，由其对未进入审判程序的检

---

① 参见魏晓娜：《完善认罪认罚从宽制度：中国语境下的关键词展开》，载《法学研究》2014 年第 4 期。

② 参见孙长永等：《认罪案件办理机制研究》，载陈国庆主编：《中国检察》第 19 卷，中国检察出版社 2010 年版，第 247 页。

③ 参见山东省高级人民法院刑三庭课题组：《关于完善刑事诉讼中认罪认罚从宽制度的调研报告》，载《山东审判》2016 年第 3 期。

察机关的司法活动进行监督于法无据;同时,这与审前分流的宗旨也相违背,所以不应由法院进行监督。但如果犯罪嫌疑人对于检察机关作出的不起诉决定不服的,可以向法院提出异议,因为这种情况下意味着认罪认罚协商并未达成,审前分流也没有实现,理应将案件纳入法院审查范围。对于检察机关的不起诉决定应当加强内部监督、上下级监督和人民监督员监督等社会监督。

（二）认罪认罚从宽制度公正价值的应然展开与实践

认罪认罚从宽制度具有兼顾实体与程序的双重属性,公正价值既要求体现在《刑法》适用的定罪量刑过程中,同时也存在于刑事诉讼不同程序中,特别是对诉讼当事人的权利保障上;前者突出要求适用认罪认罚从宽制度时对于证明犯罪的标准不能降低,后者往往体现在充分保障当事人的合法程序上。为此,本文拟结合实践中存在误区和容易被忽略的两个问题进行探讨。

1. 公正不能打折:犯罪证明标准不应降低

关于认罪认罚案件犯罪证明标准是否比照不认罪案件有所降低存在一定争议,一部分人认为应适当降低,如认为被告人认罪认罚案件的有罪证明标准可适当低于普通程序所要求的“事实清楚,证据确实、充分”。[①] 还有观点类比速裁案件的有关规定认为,全国人大常委会《关于授权最高人民法院、最高人民检察院在部分地区开展刑事案件速裁程序试点工作的决定》提出的证明标准是“事实清楚、证据充分”而不是“证据确实、充分”;最高人民法院、最高人民检察院、公安部、司法部联合印发的《刑事案件速裁程序试点工作座谈会纪要(二)》也指出:“被告人自愿认罪,有关键证据证明被告人实施了指控的犯罪行为的,可以认定被告人有罪。”这说明速裁案件的证明标准已有所降低。笔者对此持否定

① 参见苗生明:《认罪认罚案件对公诉人举证、质证等工作的新要求》,载《人民检察》2016年第2期。

态度:第一,人为降低犯罪证明标准没有法律上的任何依据,《刑事诉讼法》所确立的“案件事实清楚,证据确实、充分”的标准并没有区分认罪案件和不认罪案件,应普遍适用于所有案件。第二,上述论者错误解读了相关规范文件,“证据确实”是对证据“质”的要求,要求证据均经查证属实,而“证据充分”是对证据“量”的要求;在证明犯罪上二者需相互结合,缺一不可,不可能运用充分的虚假证据证明案件事实。显然上述文件即使没有写明“证据确实”,也不能认为不需要“证据确实”,仅以“证据充分”就可以定案。对于速裁座谈会纪要中“关键证据”的表述,也无从看出证据标准有所下降,因为每个案件具有特殊性,司法实践中不可能获取证明犯罪的所有证据,因此立法仅要求证据“充分”而未要求“全部”,在适用速裁程序处理的认罪案件中具有关键证据就是达到证据“充分”的一种体现,因而可以据此定案,而不能认为此类案件证据尚未达到“充分”。① 从上述两个规范性文件中并不能当然推论出认罪认罚案件或速裁案件中证据标准有所降低的结论。第三,实务中产生上述误认的原因在于错误地将证明程序及证明规则的简化等同于证明标准的降低。客观地讲,认罪认罚案件中由于采取简易程序或者速裁程序,必然不再恪守普通程序中的证明规则,如一般不再需要证人、鉴定人、侦查人员出庭作证,直接言词原则可以不必坚持,非法证据排除一般也不会发生,②但这只是证明程序及方式的简化,并不是证明标准的降低。第四,我国认罪认罚从宽制度不同于英美国家的辩诉交易制度,在认罪认罚从宽制度中只能量刑协商,因此存疑案件不能适用认罪认罚从宽制度,否则一旦打

① 参见朱孝清:《认罪认罚从宽制度的几个问题》,载《法治研究》2016 年第 5 期。

② 参见顾永忠、肖沛权:《“完善认罪认罚从宽制度”的亲历观察与思考、建议——基于福清市等地刑事速裁程序中认罪认罚从宽制度的调研》,载《法治研究》2017 年第 1 期。

开制度的"口子",不仅动摇认罪认罚从宽制度的公正根基,也必然为冤假错案的发生和权力滥用开辟道路。

2.参与性正义:应保障被害人的程序权利

从目前认罪认罚从宽的制度安排来看,量刑协商过程中并没有被害人的一席之地,但是被害人作为刑事诉讼的当事人及认罪认罚从宽制度的利害关系人,理应具有参与协商的机会,这也是恢复性正义理念的要求;否则,由于参与机制的缺失,被害人的心理上很难产生对正义的认同感,从而甚至可能采取缠诉、上访等极端做法,人为增加诉讼不和谐的因素。[①] 但考虑到认罪认罚协商主要是犯罪嫌疑人、被告人基于自愿认罪认罚并放弃部分程序权利而获得量刑减让,并不涉及被害人的处置权;这有别于刑事和解程序,因此被害人的参与程度应是有限的,不应成为约束认罪认罚从宽处理决定的因素。被害人在认罪认罚从宽制度中享有的权利具体可以包括三方面的内容:第一,知情权。公安司法机关应当将犯罪嫌疑人、被告人认罪认罚情况及从宽处理情况及时告知被害人。第二,意见表达权。被害人可以向办案机关表达意见、提出建议,办案机关应当记录在案并予以考虑。第三,获得赔偿权。被害人有要求获得赔偿的权利,办案机关也应当将犯罪嫌疑人、被告人退赃退赔、赔礼道歉等情况作为衡量是否符合认罪认罚从宽制度及从宽量刑幅度的考量因素。

三、认罪认罚从宽制度的构建进路

如前所述,"效益"和"公正"应贯穿认罪认罚从宽制度的始终,是其价值导向和运行规律,因此,以"认罪"、"认罚"和"从宽"为核心要素的刑事诉讼制度模式也必然要求体现上述价值;其中,"认罪"指通过被追诉人的认罪承诺实现诉讼程序的分流,达到

① 参见陈卫东:《认罪认罚从宽制度试点中的几个问题》,载《国家检察官学院学报》2017年第1期。

“繁案繁办,简案简办”的效果;“认罚”指通过被追诉人对实体处置结果的认可实现对其上诉权、反悔权一定程度的限制来提高诉讼效率。可见,“认罪”“认罚”两个制度要素主要体现了“效益”价值,这就要求我们今后应建立刑事诉讼认罪认罚案件的全流程分流机制。“从宽”是对被追诉人自愿认罪认罚的一种补偿处遇,是“公正”价值的集中体现,包括程序上从简和实体上从轻。在制度构建上,就要求构建保障认罪认罚的自愿性及规范化的量刑制度等。

(一)构建刑事诉讼认罪认罚案件全程分流机制

如前所述,我国多年来致力于审判阶段的案件分流,并没有彻底解决人案矛盾问题;随着认罪认罚制度试点铺开,我国多元化诉讼程序的构建框架已经逐渐清晰,多个诉讼阶段的案件分流机制已经呼之欲出。笔者拟统筹多种诉讼制度,搭建一个诉讼全过程案件分流机制,从而发挥诉讼程序多样化、制度运行精细化的优势,应对司法实践中案多人少、司法资源分配不均的问题,兼顾诉讼效益和公正,构建以“认罪认罚——罪刑轻重”二元标准并贯穿侦查、审查起诉和审判三个诉讼阶段的全程案件分流机制。

在侦查阶段,作为案件分流程序的起点,侦查人员根据犯罪嫌疑人认罪认罚状况和案件繁简程度选取不同的侦查模式,积极促使犯罪嫌疑人认罪认罚或者与被害人达成刑事和解,为审查起诉程序案件分流奠定基础。在侦查终结后,根据不同情况,可以适用刑事和解程序,也可以作出撤销案件、不捕直诉及移送审查起诉等决定。所谓“不捕直诉”是司法实践中的提法,并非法律术语,是指侦查机关在刑事诉讼中依照法律规定和个案具体情况,对认罪的轻罪案件的犯罪嫌疑人采取不羁押(取保候审、监视居住、刑拘)的方式进行侦查、起诉和交付法院审判的诉讼活动。[①] 其中,作为程序从简代表的是刑拘直诉,即公安司法机关对认罪认罚的轻微刑事案件在刑事拘留期限内,完成侦查、移送审查起诉和提起公诉的活动,并由法院快速作出裁判。不捕直诉的制度创新有效避免了诉讼拖延,缩短了羁押期限,杜绝了"刑期倒挂"的弊端。

在审查起诉阶段,检察机关可以通过发挥起诉裁量权,通过酌定不起诉或者附条件不起诉等制度实现对案件的审前分流。当前,我国检察机关拥有的起诉裁量权相对较小,严重制约了审前分流机制的形成。应当根据刑事诉讼形势的发展,扩大检察机关起诉裁量权,完善审前分流机制。第一,扩大附条件不起诉的适用范围,将适用条件中的1年有期徒刑提高为3年有期徒刑,并将所附条件由单纯的监督考察式的义务性规定,变为惩罚性规定,如财产性处罚或者社区劳动及赔偿损失、赔礼道歉等,以使该制度与认罪认罚从宽制度相衔接,并充分安抚被害人,修复社会关系。第二,合理配置员额检察官的权力清单,取消不起诉案件由检察长或者检察委员会决定的规定,赋予检察官独立的不起诉决定权,以扩大不起诉的适用比例。第三,还应赋予犯罪嫌疑人在不起诉决定过程中的辩护权、被害人的表达意见权以及当事人的申诉权等。

在审判阶段,实现处罚令程序、速裁程序、简易程序和普通程序相互衔接的多层次、多元化审判体系,实现诉讼程序与认罪认罚、案件难易、刑罚轻重相适应。具体设想如下:第一,对于不认罪的案件,按照普通程序审理,并加强庭审在查明事实、认定证据、保护诉权、公正裁判中发挥决定性作用,实现庭审实质化。第二,对于可能判处3年以上有期徒刑的认罪案件,适用简易程序或者普通程序简化审,庭审程序要相对简化,重点围绕量刑的事实、证据

① 参见潘金贵等:《轻微刑事案件快速办理机制研究》,中国检察出版社2015年版,第172页。

进行法庭活动。第三,对于可能判处3年以下有期徒刑的认罪案件,适用速裁程序或简易程序审理,但尽可能适用速裁程序,庭审实行审查讯问式,全程提速。其中,3年以下认罪案件中,认罚与不认罚案件虽然都可以适用简易程序审理,但是二者审查重点不同,认罪认罚案件控辩双方已就罪名、刑罚达成合意,法庭审理的重点仅集中在审查形成合意的自愿性、合法性和明智性上。需注意的是,认罪不认罚轻罪案件与认罪认罚轻罪案件相比,由于控辩双方对量刑没有达成一致意见,需要法庭进行审理,因此不适用速裁程序。第四,对于可能判处拘役、管制、单处附加刑或免于刑事处罚的案件,法院可以考虑增设刑事处罚令程序,仅进行书面审理。① 所谓刑事处罚令,是欧洲一些国家对轻微刑事案件以书面审理为方式的快速处理程序,其中包含了量刑协商机制,有助于进一步提高刑事诉讼效率。本文对刑事处罚令制度的初步设想为:检察机关在审查起诉中认为可以适用处罚令程序的,在告知犯罪嫌疑人及其辩护人、值班律师意义和法律后果,征求其意见并签署认罪认罚协议书的基础上,检察官可以起草处罚令意见书——包括被告人的犯罪事实、证据、适用法律和处理意见——提交法院。法官通过书面审查和提审程序②进行审理,并作出刑事处罚令。处罚令签发后,具有与判决书的同等效力。

(二)构建犯罪嫌疑人、被告人自愿认罪认罚保障机制

认罪认罚从宽制度追求的效益和公正双向价值,要求在制度设计时避免出现司法改革的结构性缺陷,即只关注司法程序运行效率,最大限度追求程序的简化而忽视了犯罪嫌疑人、被告人的权

---

① 参见熊秋红:《认罪认罚从宽的理论审视与制度完善》,载《法学》2016年第10期。

② 提审程序的主要任务是确认控辩双方签署的认罪认罚协议书的效力,确认被告人认罪认罚的自愿性,以决定是否采取处罚令审理方式,必要时也可以核实案件事实。

利保障，出现实质不公现象。作为协商式诉讼的一种尝试，认罪认罚从宽制度吸收了当事人主义诉讼结构的合理因素，应当保证犯罪嫌疑人、被告人的平等参与权利；其中最为重要的就是认罪认罚的自愿性权利，这是整个认罪认罚从宽制度得以开展的肯綮环节，也是保证认罪认罚从宽制度适用正确方向的关键制度。

1. 完善保障犯罪嫌疑人、被告人诉讼权利的程序设计

虽然在认罪认罚从宽程序中，案件往往采取简易程序或者速裁程序进行简化审理，但是《刑事诉讼法》规定的犯罪嫌疑人、被告人所享有的基本诉讼权利不应受到任何影响；相反，由于诉讼程序的不完整，对于某些权利甚至需要特别强调。第一，获得告知和释明的权利。犯罪嫌疑人、被告人往往知识水平相对较低、法律知识匮乏，对于认罪认罚从宽的含义、适用条件和法律后果不甚了解，因此在侦查、审查起诉和审判阶段，办案机关和人员均要向犯罪嫌疑人、被告人进行告知，并加以解释说明，使其能够正确理解并形成内心判断。在实践中，有的试点地区如天津市检察机关，建立了认罪认罚从宽制度入所宣传机制，经与市公安局沟通，将认罪认罚从宽制度的内容以通俗易懂的方式制作成宣传册，发放给每一名进入派出所及看守所的犯罪嫌疑人；以动漫的形式制作成《认罪认罚从宽制度实例讲解》滚动视频，在看守所及检察机关律师值班室滚动播放；或者将相关内容制作成宣传板张贴在看守所内醒目处。上述途径加大了认罪认罚从宽制度的政策告知和释法力度，让犯罪嫌疑人提前了解制度的性质和法律后果，促使其尽早认罪悔罪。第二，协商权利。有一种观点认为，我国试点的认罪认罚从宽制度不同于西方国家的辩诉交易，所以不能进行“讨价还价”，只要犯罪嫌疑人、被告人不接受检察机关提出的量刑建议，就没有适用认罪认罚的余地。笔者认为，犯罪嫌疑人、被告人接受量刑建议需要有一个心理转换的过程，应当允许其在法律规定范围内与检察机关进行协商，以提高认罪认罚从宽制度的适用率。

同时,为确保犯罪嫌疑人、被告人在全面了解证据情况的基础上自愿认罪认罚,有必要建立认罪认罚案件证据开示制度。如天津市检察机关在具结书签署前,由检察人员向犯罪嫌疑人全面展示案件证据。一方面,通过向嫌疑人出示证据体系,促使其转变对抗心理,真诚认罪悔罪;另一方面,速裁和简易程序简化了庭审示证过程,有必要通过诉前展示证据,弥补嫌疑人让渡的这部分权利。第三,获得公正审判的权利。法庭审理要发挥收口把关的作用,法官要就有关事项逐一向被告人讯问核实,保证认罪认罚的自愿性,并保障其最后陈述的权利。

2. 保障犯罪嫌疑人、被告人获得律师实质帮助

司法实践表明,犯罪嫌疑人、被告人获得律师的实质帮助是影响协商成功率的关键因素之一。[①] 强调律师的实质帮助是因为:第一,我国犯罪嫌疑人、被告人法律知识匮乏,导致控辩信息不对称,亟须律师提供法律帮助;第二,法律援助现实又不容乐观,援助的种类和范围有限,多数法律援助律师辩护流于形式;第三,囿于人财物方面的限制,值班律师制度实施情况极不均衡,这些现实问题将严重制约认罪认罚从宽制度的开展。因此,司法行政部门要克服困难,大力发展完善值班律师制度,将值班律师的工作绩效纳入律师执业考评体系。为给犯罪嫌疑人认罪认罚提供及时的法律帮助,可以在检察机关设立专门的律师值班场所,值班律师每周固定时间进驻检察机关办公。为充分保障值班律师在了解案情的基础上提供法律帮助,可以建立值班律师阅卷制度。同时,笔者建议,今后可以考虑将认罪认罚案件纳入法律援助范围,逐步实施认罪认罚案件强制辩护制度,并逐步实现值班律师辩护人化,使其成

① 参见顾永忠、肖沛权:《"完善认罪认罚从宽制度"的亲历观察与思考、建议——基于福清市等地刑事速裁程序中认罪认罚从宽制度的调研》,载《法治研究》2017 年第 1 期。

为认罪认罚程序积极有效的参与者而非消极的"见证人"。

3. 建立认罪认罚承诺撤回制度

自愿认罪认罚当然包含了承诺自愿和撤回自愿两方面,但是为了保证诉讼经济和效率,认罪认罚承诺的撤回应当受到诉讼阶段和条件的严格限制。笔者认为,在一审判决作出前,犯罪嫌疑人、被告人认为在之前诉讼阶段所做承诺不具有自愿性、真实性、明智性,或者认为受到了办案人员及辩护律师、值班律师的欺骗,以及认为办案机关的允诺没有兑现等情况下,均可撤回认罪认罚承诺。相反,在一审判决作出后,被告人不具有反悔撤回的权利。同时,犯罪嫌疑人、被告人撤回承诺的,办案机关应当根据被告人此时的认罪认罚情况及案件的疑难复杂程度,重新决定适用的诉讼程序,进行程序回转。需要注意的是,按照本文构建的程序分流机制,程序回转并非一律回转到适用普通程序审理,如按照速裁程序审理的案件,被告人当庭撤回认罚承诺,但是依旧认罪的,法院可以改为简易程序审理。

(三)构建认罪认罚案件规范化量刑制度

1. 完善规范化量刑指导意见

量刑协商是认罪认罚从宽制度的重要内容和突出特色,因此要构建规范的量刑制度,首先要有权威的量刑标准,使控辩双方根据同一量刑尺度进行协商,而不是自说自话。目前司法实践中法院据以量刑的主要规范依据是由最高人民法院制定和发布的《量刑指导意见》,但是近些年来随着量刑建议制度、刑事和解程序、速裁程序的开展,量刑活动已不再是法院的"自留地",公、检、法三机关均涉及量刑实践活动,因此,应当由公安部、最高人民检察院和最高人民法院联合制定适用于整个刑事诉讼各阶段各主体的量刑规范,出台了《刑事诉讼量刑规则》,并且提高其法律位阶,使其具有更加普遍的约束力和广泛的透明度,为广大社会公众所知晓。[①] 同时,由于《量刑指导意见》仅对部分罪名作出了规定,适用范围有限,新制定的《刑事诉讼量刑规则》要涵盖尽可能多的罪名,并对量刑情节进行细化,如增加程序性从宽规定,将适用刑事和解程序、简易程序、速裁程序的从宽幅度加以规定,将认罚作为独立从宽处罚情节加以确认,从而发挥认罪认罚的激励作用。此外,提高《刑事诉讼量刑规则》的系统性、协调性,如统一量刑基点、刑罚增减因素和幅度、量刑情节增减幅度,体现出不同情节之间的差异化和层次性,以满足被告人及其辩护律师的参考需要,增强预见性。

2. 完善量刑协商程序

量刑协商程序应力求严肃、严谨、公正和公开,因此应完善量刑程序设计:第一,协商时间。一般情况下控辩双方应在审查起诉阶段进行协商;但是如果在提起公诉后开庭审理前被告人才认罪认罚,符合法定条件的,控辩双方应当协商,考虑到诉讼经济和便利,可以在庭前会议中控辩双方进行协商,法院对协商过程的自愿性进行同步审查后予以确认。第二,协商程序。量刑建议应由检察机关提出,并且要对适用的量刑情节、量刑规则及量刑决定理由进行充分解释,然后听取犯罪嫌疑人、被告人及其辩护律师、值班律师的意见,对于双方没有本质争议的分歧可以进行协商,最终达成一致意见。第三,协商内容。通说认为,认罪认罚协商只能就刑罚进行协商,而不能针对罪名、罪数进行协商,但是在今后的实践中,应当加大对自愿认罪认罚的犯罪嫌疑人、被告人的减轻处罚的力度,以便充分发挥制度优势吸引更多人自愿认罪认罚。

3. 检察机关精准化量刑实践

量刑协商过程中,检察机关应提出确定的量刑建议还是相对

① 参见谭世贵:《实体法与程序法双重视角下的认罪认罚从宽制度研究》,载《法学杂志》2016 年第 8 期。

确定的量刑建议？有人认为最高人民法院、最高人民检察院、公安部、国家安全部、司法部《关于在部分地区开展刑事案件认罪认罚从宽制度试点工作的办法》规定法院对检察机关量刑建议一般应当采纳；但如果检察机关提出确定量刑建议，属于对审判权的僭越，容易造成审判权旁落。还有人因为检察机关缺乏量刑的实践经验，因此也认为其应提出相对确定的量刑建议。笔者认为，确定与不确定其实是理想与现实的差别。从应然层面来看，检察机关应当根据“量力而行，尽力而为”的原则，尽可能提出确定、具体的从宽处罚的量刑建议。[①] 理由如下：第一，大多数认罪认罚案件案情相对简单，事实清楚，起诉后事实和证据一般不会发生重大变化，并且经过了充分的量刑协商，不存在实质争议，检察机关有能力提出确定的量刑建议。第二，确定的量刑建议有助于犯罪嫌疑人、被告人及其辩护律师、值班律师形成稳定的心理预期，有助于协商成功。从现实层面来看，检察机关确实在量刑实践上缺乏充足经验，因此可以先对轻罪案件提出确定量刑建议，待到具备了成熟的量刑经验和精准量刑能力时逐步扩大到全部案件。如天津市检察机关要求对建议判处3年有期徒刑以下刑罚的，一般应当提出确定刑期的量刑建议，并积极会商人民法院，细化对常见罪名的精准化量刑建议标准，做好诉前沟通工作。自试点工作开展以来，天津市全市检察院提出确定刑量刑建议率达到53.25%（人），法院对确定刑量刑建议采纳率为90.48%（人）。

（四）探索完善认罪认罚案件快速办理机制

如前所述，认罪认罚从宽制度的初衷在于提高诉讼效益，因此，司法机关应当加强沟通协调，积极探索行之有效的快速办理工作模式。第一，开辟认罪认罚案件快速流转通道。首先，公安机关应当在起诉意见书中写明犯罪嫌疑人自愿认罪认罚情况，在案卷

① 参见朱孝清：《认罪认罚从宽制度的几个问题》，载《法治研究》2016年第5期。

上作出标记,实现认罪认罚案件初步分流。其次,在公安机关初次标注的基础上,保障检察机关案管、公诉部门之间案件“零距离”移送。由公诉部门负责人将可能适用认罪认罚从宽的案件再次标记出来,交案管部门登记分流。如承办人在办理案件时不能适用该制度,需在案件审查报告中说明理由,以保证适用效果。最后,对于移送法院的此类案件,在案卷封面特别标注,保障案件及时移送法院立案。同时,积极向嫌疑人释明速裁程序,尽量适用速裁程序办理,一般在10日内作出是否提起公诉的决定,并实行集中受理、集中起诉、集中审理。第二,建立认罪认罚案件专门办案组。检察机关、人民法院可以成立专门的办案组或者合议庭办理认罪认罚案件,并由部门负责人亲自督办。第三,将刑事和解案件作为制度适用的一个重要落脚点。《刑事诉讼法》规定的刑事和解案件特别程序实质上体现了认罪认罚从宽的精神,而且刑事和解案件对于简化诉讼流程、促进认罪认罚具有重要价值,因此,司法机关对自愿认罪认罚的刑事案件应当积极提供当事人双方和解的便利条件,并依法适用从宽制度,保证取得良好的法律效果和社会效果。

四、余论

认罪认罚从宽制度试点以来取得的成绩足以证明该制度的科学性、优越性,但试点性改革往往难以避免因缺乏统一权威的法律依据而出现“合法性危机”。因此,认罪认罚从宽制度若要得到全面落实,有必要对我国《刑事诉讼法》进行相应的修改、完善,将试点实践中的经验做法提炼上升到立法层面,特别是对实践中一些存在争议的疑难问题予以明确,如应否对被告人认罪认罚后的上诉权进行限制,对法院适用认罪认罚制度给予被告人从宽处罚后其提出上诉的,检察机关能否提出抗诉等问题。目前,我国《刑事诉讼法》采取简易程序、普通程序并行,并以速裁程序、刑事和解程序等为补充的多元化刑事诉讼体系。[1] 但是,可以预见未来,我国刑事诉讼将会分为认罪案件的诉讼程序和不认罪案件的诉讼程序两大类,并相应规定不同的诉讼模式。这从最高人民法院于2018年1月1日起试行的《人民法院办理刑事案件第一审普通程序法庭调查规程》中对认罪案件和不认罪案件的法庭调查程序作出的区别规定中便可见一斑。因此,有效探索新形势下刑事案件分流和快速办理机制也是应对刑事诉讼模式变革的题中之义。对不认罪案件要注重庭审实质化,而对认罪案件要兼顾效率与公正原则,简化庭审方式,注重庭审的灵活性和针对性,落实认罪认罚从宽制度。

（责任编辑:祖延光）

① 参见吕天奇、贺英豪:《检察机关实施认罪认罚从宽制度的路径选择》,载《人民检察》2017年第8期。

【刑事争鸣】

我国刑事二审抗诉若干问题研究

张　岗　孙连朋*

目　次

* 张岗,河北省沧州市人民检察院党组成员、副检察长,河北省检察业务专家,法律硕士;孙连朋,河北省沧州市人民检察院检察官助理,法学硕士。

（四）注重专业化实训，提升刑事抗诉能力

（五）提升抗诉意识，保证抗诉质量

一、引言

刑事二审抗诉程序是我国刑事诉讼程序的重要组成部分，对于确保法律的正确适用、维护法律尊严、保障当事人合法权益具有重大的现实意义。构建"以抗诉为中心的刑事审判监督格局"是笔者近年来一直致力研究的课题，在机制建设方面略有斩获，更在类案与个案监督方面总结积累了丰富经验。该课题成果被《检察日报》专访，并在第一版报道，获得了最高人民检察院、省检察院主要领导高度评价，最高人民检察院公诉厅《公诉工作情况》对此予以刊发、推广课题经验。

然而，在研究过程中，笔者发现当前我国刑事二审抗诉程序无论是在立法层面，还是在司法实践层面都存在一些问题，严重制约二审抗诉程序功能的发挥。针对这些问题，笔者结合多年办案实践，提出在立法层面，完善我国目前量刑规则，改进刑事二审抗诉程序；在司法实践层面，进一步拓宽二审抗诉范围，取消法院内部请示制度，完善检察机关刑事抗诉考评机制的建议。同时，以笔者所在检察机关为例，结合本院抗诉经验，通过强化机制建设，丰富刑事抗诉方式，构建"说理型抗诉"新体系等措施，对包括二审抗诉在内的刑事抗诉工作进行深入探索，以求进一步完善我国刑事审判监督机制。

二、我国刑事二审抗诉的现状及存在的问题

（一）我国刑事二审抗诉的现状

1. 我国刑事二审抗诉的立法现状

我国《宪法》第 129 条，《刑事诉讼法》第 8 条、第 217 条以及《人民检察院刑事诉讼规则（试行）》在刑事诉讼法律监督一章中对人民检察院刑事二审抗诉作出了相应规定。

根据《刑事诉讼法》的规定,刑事二审抗诉权的行使主体是地方各级人民检察机关。二审抗诉的理由为:人民检察院认为同级人民法院的判决、裁定确有错误的。而对于“确有错误”,《人民检察院刑事诉讼规则》(试行)第584条作出了具体规定。刑事二审抗诉申请的提出只能通过原审人民法院向上一级人民法院提交,并将抗诉书副本连同案件材料报送上一级人民检察院。如果上一级人民检察院认为抗诉正确的,应当支持抗诉;认为抗诉不当的,应当向同级人民法院撤回抗诉,并且通知下级人民检察院。程序性是保证二审抗诉正确性的有效手段,检察院提起抗诉需要经过检委会通过、递交抗诉书、上级检察机关的监督等多项程序。

2. 我国刑事二审抗诉的司法现状

从我国刑事司法实践来看,提抗率高、撤抗率高、抗诉意见采纳率低(两高一低)问题,是长期以来制约我国刑事二审抗诉质量的突出问题。以河北省沧州市两级检察机关为例,2013~2015年,全市两级人民法院审结刑事一审案件数分别为2906件、3563件、2577件;与此同时,检察机关对认为确有错误的一审刑事判决、裁定提出抗诉的案件数分别为54件、91件、82件,提抗率分别为1.85%、2.54%、3.18%。2013~2015年,在全市检察机关提出抗诉的227件案件中,被上级检察机关撤回62件,占比27%;被法院维持原判55件,占比25%;被法院采纳110件(发回重审71件,改判39件),抗诉意见采纳率48%。以上数据均显示沧州市两级检察机关刑事抗诉质量尚处偏低态势。

从全国来看,《最高人民检察院工作报告》以及《最高人民法院工作报告》的统计数据显示,2008年至2014年我国各级人民法院共审结一审刑事案件611.8万件,其中检察机关对认为确有错误的人民法院刑事裁判提出抗诉37 678件(包括审判监督抗诉与二审抗诉),抗诉率为6.2‰,平均每年大约有5382件抗诉案件,由此反映出我国各级检察机关抗诉案件数量总体较少,抗诉权尤其是二审抗诉权对刑事审判权的监督作用还未能得到充分发挥。

(二)我国刑事二审抗诉所存在的问题

1. 立法上的问题

(1)对二审抗诉标准的规定过于笼统。"一审判决、裁定确有错误"是检察机关提起二审抗诉的理由。但是《刑事诉讼法》及相关司法解释未对"确有错误"的具体情况或判断标准作出说明。刑事诉讼规则仅对抗诉的几种情况做了列举,如对不应判处缓刑的应当提出抗诉等,最高人民检察院也出台了数条意见规范了应提起抗诉的条件,包括量刑畸轻或畸重的应当抗诉等,但仍然未对什么是"量刑畸轻或畸重"提出一个可操作的判断标准[①]。这也导致了司法审判人员在审判时有较大的自由裁量空间。[②]

《刑法》本身的一些模糊性规定,也使二审抗诉的条件更难以把握。如我国《刑法》条文中大量出现的"情节较轻""情节严重""情节特别严重""从轻处罚"等规定,由于界限比较模糊,这无疑增加了检察机关提起刑事二审的难度。此外,从理论的角度分析,刑事审判中的自由裁量权过大,容易导致审判人员对被告人的定罪和量刑受到自己的刑罚价值观或个人意志的影响;对检察人员来讲,界定和把握是否应当抗诉也就随之增加了难度。审判人员自由裁量权过大在为司法不公提供温床的同时,也增大了刑事抗诉的困难。[③] 因为这种情况下,检察人员需要对刑事审判过程中法律的适用、案件事实的认定、证据真实性的认定、量刑情节的认定等事项进行判断,还要判断法院的判决是否符合罪行法定原则、

① 参见张鑫磊:《论刑事二审程序抗诉》,载《法制与社会》2011年2月上旬刊。

② 参见尹畅:《刑事二审抗诉的难点与对策》,载《重庆工商大学学报》2008年11月增刊。

③ 参见刘突飞、王宇飞、李佳:《论我国刑事二审抗诉制度的缺陷及立法建议》,载《政治与法律》2009年第11期。

平等适用刑法原则、罪责刑相适应原则。①

同时,我国《刑法》中的量刑规定往往存在很大空间,针对某一罪名,最低刑期和最高刑期之间的差距很大,如"三年以上十年以下有期徒刑",最低刑期是3年有期徒刑,最高刑期是10年有期徒刑,差距十分明显。因此审判人员对类似案件的判决一般通过司法实践中的经验总结来自由裁量最终的刑罚。不同法官对类似案件的判决都存在差异,因此检察机关和法院在量刑上存在分歧也是显而易见的。②

此外,量刑规范化的实施给刑事抗诉带来一定影响。量刑规范化执行标准存在诸多不完善的内容,自由裁量幅度过大,导致许多案件"量刑不当",却又无法纠正。如最高人民法院《关于常见犯罪的量刑指导意见》中,对于犯罪情节的表述,一般比照基准刑减少数个百分比幅度,而法官在实践中具体采用哪个幅度,因人而异,导致同罪不同罚情形出现,甚至还出现了同一法官对案情、情节基本相同的两个案件,在适用百分比量刑幅度上严重不一致的情况。量刑规范化改革实施后,审判人员在适用百分比量刑幅度方面,大多采取有利于被告人的原则,在确定基准刑时往往按照最低刑期计算;在确定减轻幅度时,往往按最高百分比幅度扣减。这导致很多罪名的高刑期形同虚设,而检察机关只能"望而兴叹""欲抗不能"。例如,在故意伤害(重伤)案件中,《刑法》规定在有期徒刑3~10年内判处有期徒刑。任意选择区间统计,本市共有270件此类案件,判处7年以上有期徒刑的为0件,判处5年以上的也仅有几件。

(2)立法上对刑事二审抗诉理由没有进行细化区分。对于抗诉的提起,法律规定在人民检察院认为本级人民法院第一审判决、

① 参见宋英辉、李哲:《一事不再理原则研究》,载《中国法学》2004年第5期。
② 参见邓思清:《论审判监督的理论基础》,载《法律科学》2003年第3期。

裁定确有错误时才能提起。对于“确有错误”,《人民检察院刑事诉讼规则(试行)》第584条列举了六项规定,即认定事实不清、证据不足的;有确实、充分证据证明有罪而判无罪,或者无罪判有罪的;重罪轻判,轻罪重判,适用刑罚明显不当的;认定罪名不正确,一罪判数罪、数罪判一罪,影响量刑或者造成严重社会影响的;免予刑事处罚或者适用缓刑、禁止令、限制减刑错误的;人民法院在审理过程中严重违反法律规定的诉讼程序的。上述规定虽为实践中检察机关办理刑事二审抗诉案件提供了直接依据,但规定过于原则、可操作性不强,并且未能作出具体区分,仅规定了刑事二审抗诉的实体标准,而缺失对刑事二审抗诉程序标准和证明标准的规定。这样不仅难以实现“敢抗”和“抗准”的有机结合,严重影响检察机关办理刑事二审抗诉案件的质量,而且也使检察机关难以依法履行法律监督职能,不利于刑事二审抗诉功能的有效发挥。

2. 司法实践中存在的问题

(1)检察机关一定程度上存在选择性抗诉现象。从抗诉应用实践来看,“抗无不抗有,抗轻不抗重”仍然是当前许多检察机关所持的态度倾向。“抗无不抗有”具体来说就是,若法院认定被告人无罪或罪轻,检察机关往往会提请抗诉;而“抗轻不抗重”是说,某些检察机关即便在法院的罪责认定过重的时候也不会抗诉。出现这种现象的原因是多方面的,首先,从被告人角度分析,判决关系到其身家性命,大多数被告人如不认同判决都会自行上诉,检察机关基于此种“常识”会怠于行使自身职责;其次,从检察机关维稳角度分析,对量刑过重的案件抗诉容易引起被害人的逆反心理和过激行为,在这种情况下也会造成怠于抗诉。

此外,“重实体、轻程序”的执法陋习仍然存在。在这种错误理念的引导下,检察机关对实体出现明显错误的刑事案件抗诉的几率较大,对程序出现明显不当的刑事案件抗诉的概率较小,难免会出现检察机关疏忽程序违法抗诉的情况。另外,法律规定只有违反法定程序才能抗诉,这也是导致此类不作为的原因之一。

(2)受人民法院内部请示的影响较大。《刑事诉讼法》强化了合议庭和独任审判的职能,案件重大、复杂的只能提交本院审判委员会讨论决定,上级人民法院对下级人民法院仅仅是业务指导关系。但在司法实践中,对于一些敏感的可能引起检察机关抗诉的案件,下级人民法院可能事先通过内部请示、汇报、内审等,在与上级人民法院形成默契后再宣判。在这种情况下,即使检察机关提起抗诉,改判的可能性也微乎其微。显然,这种上下级人民法院之间的关系已变成领导关系,向上级法院请示的做法在某种意义上来说剥夺了被告人的上诉权和检察机关的抗诉权。即使有被告人上诉或者检察机关抗诉的,上级人民法院也不会轻易改变自己原先所作出的决定。

(3)检察机构内部机制制约了二审抗诉的提起。根据《刑事诉讼法》的规定,上级检察机关认为抗诉不当的,可以向同级人民法院撤回抗诉。上级检察机关有权否决和撤销下级检察机关提交的抗诉书而不需要征求下级检察机关的意见,只需要通知下级检察机关即可。尽管该规定的出发点在于防止二审抗诉权的滥用,保证抗诉的整体质量,但同时也产生了反作用,导致下级检察机关的二审抗诉权被架空。而上级检察机关对案件抗诉请求的审查只是通过下级检察机关的抗诉书,根本没有对案件进行深入调查;仅仅依靠这些书面内容就否定下级检察机关的抗诉请求太过轻率。同时上级检察机关作出撤销抗诉的决定也只是象征性地通知下级检察机关,不会针对撤销抗诉的事实给出具体的理由;这会削弱下级检察机关的抗诉积极性。而且,目前我国法律中也没有针对撤销抗诉的具体的救济程序,这也制约了我国刑事二审抗诉的开展,不利于检察机关刑事审判监督职能的充分发挥。

此外,检察机关的内部考核评价制度也不尽合理。我国实行类似于结果评价的评价模式,单纯以数字作为评判尺度,检察机关针对抗诉的考察标准仅仅是提抗率、抗诉意见采纳率,而不关心诉讼监督的过程和效率。检察机关的审判监督职能受到了较大的制约。例如,上级检察机关审查下级检察院的抗诉申请时,对虽然符合抗诉条件,但检法两家争议较大的案件,顾及到年终考核评价,一般会驳回申请。这样的考评机制有违法律的公平性、权威性。

三、我国刑事二审抗诉的立法完善与司法改进

(一)立法方面的完善

1. 完善我国量刑规则、规范相关司法解释

笔者建议对《刑法》进行细化的规定,并作出立法解释。如对于《刑法》中规定的"情节较轻"、"情节严重"以及"情节特别严重"的情形进行具体阐释,由此改变法律工作者单一运用法学原理或者根据自身对案件的理解而进行裁判的情形,减少因为理解和适用不一致而导致检察机关和法院出现分歧的情形。同时,对于量刑幅度进行细化处理,《刑法》中对于量刑的幅度为3年以上10年以下的,建议将此修改为3年以上5年以下量刑和5年以上10年以下两个量刑幅度来进一步缩小法院在大范围内的自由裁量权;对于判决中有罚金刑的,如果未对罚金标准进行明确规定,可以采取最高与最低金额两大界限进行合理的司法解释。

对于二审抗诉条件中的"确有错误"的规定,可以修改为"人民检察院认为一审判决或裁定有事实或法律上的错误",以增强法律条文的实际应用性和可操作性。《人民检察院刑事诉讼规则》(试行)第584条规定在具体的司法实践中还存在不少分歧,因此笔者建议要在司法解释方面予以确认。同时,坚持双管齐下、多措并举,从实体法以及程序法两方面对刑事二审抗诉条件进行完善,减少模糊法法律词汇;对量刑幅度进行合理的缩减,避免因为法律规定存在差异而引起的分歧。

2. 改进刑事二审抗诉程序

在司法实践中,上级检察院直接撤回下级人民检察院的抗诉

在一定程度上对于确保二审抗诉质量、防止职权滥用起到了很好的规范作用,但值得反思的是,这样的做法也会打击下级检察院的工作积极性,因此应探索、完善一条更加符合实际的抗诉沟通渠道。笔者建议,上级检察院在受理下级检察院抗诉时,可以通过允许下级检察院的公诉人员参与到审查过程以及其他相关工作中,通过下级检察院的承办人的参与和全面听取其陈述和汇报,来确保上级检察院真正地清晰、完整了解案件详情。这种情况下,上级检察院才能有效判定抗诉是否合理;即便最后认定不应抗诉,但也是经过听取下级承办人的承办意见,经过反复研究才确定下来的。这种做法的作用在于,前期可以帮助上级检察院正确梳理案件并决定是否支持抗诉,从而保障了抗诉质量;同时也为下级检察院进一步开展抗诉工作做好铺垫。最关键的是,这种做法可以防止上级检察院轻率司法的同时监督好下级法院的审判行为。为了保证这种工作方法的具体实行,在上级检察院驳回抗诉时不能仅仅给予一个否定的答案作为搪塞,而要给出合理的分析和充分的理由来验证否决的原因。简单来说就是,在刑事二审抗诉中,上级检察院应充分尊重下级检察院意见,公正地提出建议。[①]

(二)相关司法环节和机制的改进与完善

1. 进一步拓宽二审抗诉范围

坚持把抗诉重点放在人民群众反应强烈的司法不公的案件上,尤其是应放在侵害民生民利的案件上,放在司法人员容易进行执法不严的环节上。在此类案件中,应将黑恶势力犯罪案件、重大安全事故案件以及极易引发社会对立冲突和群体性事件、引起当事人多次上访的控告申诉案件,列为重中之重。

同时,要坚决落实兼顾实体与程序双重错误抗诉的原则。但

① 参见李建国、金志锋:《我国二审刑事抗诉制度之重构浅探》,载《法学杂志》2007 年第 5 期。

是在司法实践中,“重实体、轻程序”的错误理念还存在,程序监督并没有像实体监督那样落到实处。这在一定程度上导致了程序违法现象的普遍存在。有学者认为,这种情况的出现是因为在最高人民检察院作出抗诉工作建议的时候就没有完全考虑到程序错误抗诉的现实效用,而只是用“未达到严重的程度”“不足影响到裁判的公正性”等笼统概括性的词汇一语带过,至于具体何为严重、何种程度才叫影响公正,却没有出台标准。这种对程序错误的宽容很可能影响法律公正。因此,不断细化标准、完善抗诉工作范围、兼顾实体公正与程序公正就显得迫在眉睫了。

2.取消法院内部请示制度

在我国现行法院管理机制的运行实践中,法院内部存在案件逐级请示机制;当然,这一做法随着法院员额制改革和审判责任制的实行而有所弱化。法院内部的请示制度虽然在对疑难复杂和重大影响案件的处理上具有一定的优势,但存在的最大问题是使审级制度受到了破坏,违反了审判公正中立的理念,受到了公众的质疑。笔者建议在保持上下级法院监督关系不变的基础上,对上级法院和下级法院各自监督的形式、内容、范围作出明确具体的规定,取消法院内部的请示制度。同时,应逐步完善案例指导机制,从最高人民法院和最高人民检察院入手,制定相关案件的典型案例指引,以便学习和借鉴参考。

3.完善检察机关刑事二审抗诉的考评机制

从司法实践来看,为确保司法权的正确行使和体现效率价值的要求,必须要确立司法机关行使相关权力正确与否的考评机制。但在关系到自己利益的情况下,司法机关工作人员往往会把考核结果放在首位,对实际存在的问题则视而不见。[①] 有学者提出,这

① 参见吴光升:《刑事诉讼程序的人性分析》,中国人民公安大学出版社2011年版,第111页。

种标准的确定应当以检察机关是否按照《刑事诉讼法》规定的程序性标准提起二审抗诉,而不应过度关注检察院提出的抗诉理由是否被法院采纳或接收。更不应当将法院是否改判作为对检察院工作考核的唯一指标。[①] 对检察院审判监督工作的考核标准,应当综合衡量诸如改判率、法律效果等多方面因素。即使是经过二审抗诉但并未得到法院改判的案件,也不应轻易认为检察机关的抗诉错误,从而否定其办案效果。

四、完善刑事抗诉工作机制的实践探索——以沧州市检察机关为例

沧州市检察机关近年来对构建并进一步完善包括二审抗诉在内的刑事抗诉工作机制进行了深入探索并形成了有益经验,对全市检察机关刑事抗诉工作的有效开展起到了保障和促进作用。

(一)强化机制建设,营造浓厚监督氛围

1. 构建"控、监分置"工作模式

河北沧州市检察院在全市两级公诉部门实行"控、监分置"工作模式,即在两级公诉部门分别组建专职抗诉组,制定刑事抗诉工作责任制,明确责任,负责对每件一审判决的审查把关。同时,市检察院加强对抗诉责任制完成情况的考核,对两级专职抗诉组尽职履责定期给与评定。抗诉责任制的建立,有效激活了审判监督工作的主动性、积极性。

2. 构建"基层判决两级同步审查"机制

在以往工作中,基层检察机关有的碍于法检关系情面,有的出于抗诉标准把握不准确、有的出于主观不积极、有的出于人情关系等因素,导致有案不抗,甚至隐瞒抗源等问题。针对上述原因及问题,在沧州市检察院开通授权,通过全国检察机关范围内的"统一

---

① 参见罗丽:《刑事二审抗诉制度研究》,云南大学 2015 年硕士学位论文,第 28 页。

业务应用系统”,采取“专人包院”方式,对各个基层法院的刑事审判采取专人专职包院负责来进行同步审查;对发现的问题,及时向部门领导和检察长汇报;认为需要提起抗诉的,责令基层检察院提起抗诉。通过上述两项机制建设,2016年,全市共提出刑事抗诉86件;2017年,全市共提出刑事抗诉118件,抗诉规模显著提升。

3. 构建“基层检察院抗前请示汇报”机制

要求基层检察院在提出抗诉前,要以规定格式,书面向市检察院汇报,由市检察院对抗诉必要性进行复审,以解决撤抗多、改判少(一多一少)、抗诉质量不高的问题。市检察院听取汇报后,采取与中级人民法院沟通、专家论证等方式,综合评定抗诉必要性,从而决定抗诉与否。此项机制运行以来,全市2016年仅撤回抗诉2件,同比2015年的26件,下降92%;2017年撤回抗诉案件为0件,抗诉质量明显提升。

4. 构建“抗诉案件跟踪说理、跟踪监督”机制

为确保支持抗诉的意见能够被中级人民法院采纳,一是依托“检察长列席法院审委会”制度,充分阐明检察机关的抗诉观点和理由,通过说理,促使法院采纳抗诉意见。二是实行法检人员对等跟踪说理模式,检察长与法院院长对等、公诉部门与刑事审判法庭对等、案件承办人之间对等;凡是市检察院公诉部门在出席二审法庭支持抗诉后,三级对等模式启动,均对支持抗诉的案件持续跟踪、充分说理,引起二审法院重视,有效提高抗诉意见采纳率。三是依托检法联席会议制度,下决心统一执法准则和标杆,同时对“同罪不同罚”“量刑不均衡”“政策适用不一”等问题,不能掖藏瞒报,要拿到联席会议上让与会人员充分研讨,统一执法,以此促进司法公正。2016~2017年,全市提出刑事抗诉意见基本全部被采纳,说明该机制起到了积极作用。

5. 构建法检适用法律统一模块机制

对于我国《刑法》条文中大量出现的“情节较轻”“情节严重”

“情节特别严重”“从轻处罚”“减轻处罚”等规定，由于有的界限比较模糊，导致检、法两家理解不一，法律适用不一致。针对这种情况，我们主动加强沟通，尽可能全面地统一执法标准，提高抗诉意见采纳率。沧州市人民检察院分别制定了《沧州市人民检察院刑事抗诉标准指引》《沧州市人民检察院对适用缓刑、免处不当抗诉指引》，经与中级人民法院相关业务庭室征求意见后，下发全市参照执行。该两项指引详细、具体，具有很强的可操作性和针对性，对刑事抗诉工作起到了积极的推进作用。

6. 构建无罪判决预警、责任倒查机制

对拟判无罪案件，基层院及时启动预警，报告上级院。对于起诉错误的案件及时撤回起诉，防止无罪判决出现。对于起诉准确、法院判处无罪的案件，在依法抗诉的同时，重点审查背后隐藏的职务犯罪线索。定期编纂刑事抗诉典型案例指引，定期开展强化刑事抗诉培训活动，全面提升整体抗诉能力。

（二）丰富刑事抗诉方式，二审、再审抗诉并重

传统的刑事抗诉工作，大多依赖于二审抗诉，但受到审查判决时间短、发现不及时等因素的影响，导致很多案件“该抗不抗”。在发现问题后，我们迅速扭转理念，由过去单一的二审程序抗诉，转变到二审抗诉与再审抗诉并举，打通抗诉工作的“任督二脉”。

1. 着力加强“二审程序抗诉”职能

“迟到的正义是非正义”，不考虑时效性的抗诉当然也不利于公平正义的及时实现，即使抗诉成功，也会使维护公平正义的效果大打折扣。二审抗诉最能直接体现审判监督的时效性，因此有必要保持并加以强化。

(1)及时审查裁判文书。一方面，高度重视法院裁判文书送达不及时或不送达以至影响抗诉审查的情况，采取纠正违法通知书或通过检法联席会议制度，要求所有公诉案件作出裁判后，当庭宣判的5日以内、定期宣判的宣判后，法院立即将裁判文书送达公

诉机关,严格规范送达程序。另一方面,通过控、监分置模式,指定专人专司负责裁判文书审查,在减轻办案人员工作压力、强化内部监督的同时,也增强了裁判文书审查的及时性。

(2)及时提抗。面对法定抗诉时限短、审查时间紧的情况,我们建立了高效的抗前汇报通道,应用内网检察机关统一业务应用系统的便捷方式,为上下两级检察院沟通研判提供快捷保障,确保符合抗诉条件的案件均及时进入抗诉程序。2017年以来,全市118件刑事抗诉案件全部通过快捷通道实现两级把关。

(3)及时回应社会关切。当前,司法不公是人民群众反映强烈的一个突出问题,特别是一些重大、有影响案件的裁判不公,极易成为引发社会对立冲突和群体性事件的风险点。为此,我们对于可能引发社会不稳定因素的裁判,均及时做好抗诉或不抗诉的释法说理工作,及时回应社会关切,有效维护社会稳定。如决定不抗诉的未成年李某某强奸案,被害人及家属对一审判决不服,认为被告人犯罪行为对其造成了严重伤害,情绪激烈,多次向检察机关反映并提出书面抗诉请求。我们依法作出不抗诉决定后,积极从法律适用、刑事政策等方面进行耐心细致的讲解,同时出具了不抗诉释法说理书,最终使被害方接受了不抗诉决定,案件顺利息诉。

2. 着力加强"再审程序抗诉"职能

受到"二审程序抗诉"审查时间短的限制,一些判决需要调查取证、专家咨询、与法院沟通等工作的影响,很难在10日(裁定5日)内依法作出是否抗诉的决定,"再审程序抗诉"不失为一种"兜底"型监督方式。但结案判决数量不少,而且各个案件时间间隔长,并不集中,仅2015年就有2700余份生效判决由沧州市检察院审查。如此庞大、繁冗的工作量,必须采取更加高效的工作方针来应对,沧州市检察院尝试采用主打类案监督,辅助以个案监督的处理策略。先后确定了对超出量刑建议幅度类案件、适用缓刑不当、危害食品类犯罪、交通肇事类犯罪、涉案财物非法处置类判决5批次判决的重点审查。如在交通肇事类犯罪中,重点监督纠正了4件肇事后保护现场、抢救伤者,并向公安机关报告而未认定自首的案件;根据2010年12月22日,最高人民法院下发的《关于处理立功和自首若干具体问题的意见》,依法提起抗诉后全部改判。

(三)构建"说理型抗诉"新体系

抗诉质量不高,是传统抗诉工作的难点。尤其是以审判为中心诉讼制度改革后,审判机关对刑事抗诉案件持有更为审慎的态度,在没有明显错判的情形下,一般很难改判。在课题实践中,笔者尝试拓宽思路,树立"用事实说话,用证据说理"意识,构建了"说理型抗诉"新体系,抗诉质量显著提升。

"说理型抗诉"体系,是以新的事实、新的证据作支撑,以纠正错误判决为标准,以准确适用法律、赢取公信为目的的抗诉模式,摒弃了"打口水仗"的传统做法。为确保"说理型抗诉"见实效,实践中从两个方面确定工作方向:

(1)重点审查"四假一无"判决——"立功造假""自首造假""身份造假""和解造假""无罪判决"。例如,在"假立功"审查中,共梳理审查全市29件因认定立功而从轻处罚的判决,发现索某某破坏易燃易爆设备一案中的立功情节存在重大疑点,经过移交职务犯罪线索查证后确定为假立功,随即依法提起抗诉;在对原审被告人进行的身份信息审核中,如发现其中有人缓刑考验期内隐瞒不报其再次作奸犯科的事实误导原审法院给予缓刑的就属于"假身份",遂在查证后依法提出抗诉;赵某强奸案被一审法院以证据不充分为由判处无罪释放后,沧州检察机关雇请专家真实还原、出庭证明了案件关键,有力地驳斥了被告人的辩解和原审判决的错误,最终被告人赵某以犯强奸罪被判处有期徒刑3年6个月。

(2)重点研究新颁布的司法解释。新的司法解释出台后,由于个别法官并未及时领会掌握,不免出现纰漏。仔细掌握新规对于贯彻执行新的司法解释很有裨益。例如,2015年5月11日,最高人民法院出台《关于审理掩饰隐瞒犯罪所得刑事案件适用法律若干问题的解释》,明确规定了收购赃物数额在10万元以上的属于"情节严重",应当判处3年以上有期徒刑。而周某掩饰隐瞒犯罪所得案中,收购盗窃原油价值30余万元,一审法院没有及时掌握新标准,从而参照2007年5月9日最高人民法院、最高人民检察院出台的《关于办理与盗窃、抢劫、诈骗、抢夺机动车相关刑事案件具体应用法律若干问题解释》中收购犯罪所得机动车数额超过50万元属于"情节严重"情形,仅判处原审被告人有期徒刑1年2个月,量刑明显错误。两级检察机关公诉部门针对该案及时启动抗诉程序,市中级法院经审理,完全采纳了抗诉意见,改判周某有期徒刑3年6个月。顺着这条工作思路深挖,沧州市检察院最终发现了3件确有疑问的案件,之后提请的抗诉意见均被法院合法采纳。

(四)注重专业化实训,提升刑事抗诉能力

1. 提升证据审查能力

(1)加强公诉环节证据审查。从源头上把好指控犯罪的质量关,才能对人民法院在事实认定、证据采信、定罪量刑方面与检察机关指控不一致完全掌握,导致裁判确有错误时依法提出抗诉。

(2)严格抗诉案件证据标准,提高抗诉成功率。全面收集抗诉案件的证据材料,包括定罪证据、量刑证据,以及被害人是否谅解、被告人是否真诚悔改、有无赔偿等可能影响量刑的酌定情节;在全面审查单个证据的合法性、真实性的基础上,综合分析判断证据体系的完整性,排除证据之间的矛盾,达到结论的唯一性。

2. 提升法律适用能力

通过正确理解、准确领会法律制定的本意、打击的范围、保护的对象,进而对法院裁判适用法律是否正确,抗诉理由是否正当、充分得出结论。认真贯彻宽严相济刑事政策。在决定某个案件(特别是死刑案件、未成年人犯罪案件、轻微刑事犯罪案件)抗诉或不抗诉时,不仅要认真审查案件事实认定有无错误、法律适用是否准确,还要综合审查案件的全部细节,在全面衡量各项因素的基础上,尽可能找到法与情的最佳结合点,再决定抗与不抗。

3. 提升驾驭庭审的能力

公诉人出庭支持抗诉,其表现对于法官采信抗诉意见具有重要作用。在实践探索中,我们把刑事抗诉技能培训纳入市院党组确定的"学、读、修、补、练"业务实训中,以《优秀公诉人培养纲要》为载体,按照既定步骤,开展了多期刑事抗诉工作实训,参训人员累计300余人次。一是通过有针对性地开展优秀抗诉文书评比、抗诉案件实庭观摩、优秀诉讼监督案件评选等活动,不断提高检察人员办理抗诉案件的能力。二是高度重视出席个案抗诉庭。笔者通过定期查看办案人员的讯问提纲、询问提纲、示证质证提纲、出庭意见和答辩提纲;旁听承办人出庭支持抗诉的情况,指导承办人出席抗诉庭的能力和水平。

4. 提升抗诉经验总结能力,以"例"促抗效果好

法律条文过于抽象,在抗诉工作中极易产生分歧。但是,改判案例却是法条"活"的应用,更直观、更有利于学习指导,对抗诉工作具有较强的指导示范作用。笔者坚持对典型抗诉案例进行筛选,定期编纂《刑事抗诉典型案例指引》,以"例"促抗,效果良好。

在进行刑事抗诉时,需要具备较高的抗诉能力。只有具备较高的抗诉能力,才能保证达到最佳的抗诉效果。为此,提出以下建议:首先,审查能力是决定是否进行抗诉的前提工作。要不断提高审查的能力,才能发现抗诉理由和依据,提高抗诉最终获得成功的概率。其次,还要不断充实法律知识和提高抗诉能力,法律知识和抗诉能力贯穿抗诉过程的始终。最后,还要提高抗诉的理由说服能力。除具有合理、合法的抗诉依据之外,还要有较高的说理能力,只有这样才能更加明确地进行抗诉,获取公众的信任和支持。

(五)提升抗诉意识,保证抗诉质量

法律监督是由《宪法》规定并由检察机关保障实施的一项重要职能。检察机关有义务运用法律监督职能进行抗诉。法律监督并不是一个可有可无的权利,它的职能地位并不低于起诉。检察机关只有充分运用法律监督职能,才能真正保持起诉与控诉的平衡状态。

进行抗诉是为了实现改判,但不能将是否达到改判结果确定为抗诉效果的判断准则。敢抗和抗准是辩证统一的关系,上级审查确定为不可以进行抗诉的案件并不能视为错抗。抗诉的数量和质量对于确定抗诉力度都是极其重要的,两者是相互依存的。检察机关应该认真审查法院对于案件的判决是否合理正确,而不是将法院判决结果作为抗诉的标准。由此可见,我们应该摒弃以法院为准绳的错误思想,坚持按照法律内容判断是非,树立真正的法律意识。

刑事抗诉机制是完善刑事抗诉工作,促进刑事抗诉工作进步发展的重要途径。因此,我们可以从以下方面进行建设。首先,不断提高制作法律文书的能力。抗诉法律文书中需要明确记载已判决案件中存在错误的地方或需要调整的问题,但是在很多案件抗诉中,法律文书不能明确指出抗诉原因或者理由,这都严重影响抗诉结果。其次,对抗诉审查进行录像,以供学习。一般情况下,基层检察院很少出席抗诉案件的审查过程,这时候就需要公诉人认真记录抗诉过程,对抗诉过程进行录像。通过对录像进行仔细观看,可以总结经验,从而丰富抗诉技巧。最后,督促《支持抗诉意见书》的及时送达。《支持抗诉意见书》中包含赞同、部分赞同或者抗诉的观点,是进行抗诉的重要文件,因此通过督促及时传送《支持抗诉意见书》能够促使上级检察院在尽可能短的时间内对抗诉进行回复,也方便上级检察院及时对下级检察院进行意见和指导。

这里倡导的强化上下联系是指要加强检察院不同级别之间的沟通,具体交流方法和手段可以参考一下建议:一方面,畅通案件交流渠道。下级检察院在决定进行抗诉时,需要及时上报上级检察院,同时上级检察院应该对于下级检察院提请的抗诉意见及时回复。对于支持抗诉的案件,可以尽快进行案件审理。对于不予支持抗诉的案件,上下级检察院之间应该相互沟通,将不支持抗诉的理由和意见及时转达给下级检察院,避免造成隔阂而影响工作积极性,最终阻碍法律工作的发展。另一方面,上级检察院应该加强领导力度。上级检察院应该对抗诉案件及时整理,总结抗诉技巧和规律。同时,上级检察院应该重视对下级检察院的领导工作,通过讲座、下发文件等多种方式传达给下级检察院,实现工作指导目的。

为了保障抗诉的质量,我们主要采取了以下措施:首先,建立专家团队,通过专家对刑事案件和审查过程进行参与,引进专家的意见和建议,提高刑事抗诉的成功率。其次,加强上级检察院对下级检察院的领导和监督作用,对下级检察院提请的抗诉进行认真审查和整体把控,并对下级检察院提出相应的建议。最后,可以定期进行调研活动。例如,对在刑事抗诉中引进合理系统的评价机制等进行调查研究,制定具有可行性的方案来对整个抗诉进行探讨,提高抗诉质量,防止工作中错误、问题的出现。

(责任编辑:祖延光)

强奸罪中轮奸情节的认定

赵　卿*

目　次

一、问题的缘起

法的生命在于适用。在强奸共同犯罪中,部分行为人实施奸淫,而部分行为人奸淫未得逞或者自动放弃奸淫行为的,对于未奸

* 赵卿,江苏省徐州市人民检察院法律政策研究室副主任,北京师范大学刑事法律科学研究院博士研究生。

淫成功的行为人如何认定？在我国司法实践中，具有类似情节的案例屡见不鲜，也一度出现判罚不一的状况：或者全部行为人认定为强奸既遂；或者仅将强奸既遂的行为人认定为既遂，而其他行为人依其具体行为认定为强奸未遂或者中止。在是否构成轮奸情节的问题上，分歧也很大，实务界和理论界对此多有探讨。[①] 为进一步明确司法适用，统一裁判规制，本文以一则典型案例为视角，对轮奸情节认定中的相关问题再予澄清。

二、一则典型案例的展开

（一）基本案情

甲（男，未成年）系某宾馆前台服务员，案发前与在该宾馆住宿的乙（男，已成年）相识后，两人预谋如有到宾馆住宿的单身女性，就轮流与其发生性关系。

某日晚10时许，被害人丙（女，已成年）独自到该宾馆住宿，甲遂将该情况告知乙。两人约定先由乙与被害人丙发生性关系，甲续后。甲又将丙所住房间的钥匙交给乙。次日凌晨1时许，乙用钥匙打开房门进入被害人房间，采取捂嘴、言语威胁等手段，强行与被害人丙发生了性关系。其间，一直在楼下前台等候的甲给乙打电话欲了解情况，乙挂断电话后下楼，对甲讲丙在哭，并劝甲不要“玩”了，甲即放弃了原意图。

案发后，被害人丙向公安机关报案。公安机关于当日将甲、乙

① 实务界公布的类似情形的指导案例包括：最高法先后公布第281号唐胜海、杨勇强奸案，第125号张烨等强奸、强制猥亵妇女案，第658号刘正波、刘海平强奸案，第790号张甲、张乙强奸案，第979号卓智成等强奸案等案例。理论界相关研究论文：如陈洪兵：《“二人以上轮奸”的认定》，载《海南大学学报》（人文社会科学版）2012年第6期；钱六叶：《“轮奸”情节认定中争议问题的研讨》，载《江淮论坛》2010年第5期；周维平：《轮奸犯罪中未得逞者的定性与处罚》，载《人民司法》2010年第12期；王玉杰：《轮奸犯罪中的未遂形态》，载《河南师范大学学报》（哲学社会科学版）2010年第1期；王志祥：《情节加重犯基本问题研究》，载《政法论丛》2007年第5期等。

抓获归案。

（二）争议焦点

本案中，无论一审、二审还是再审法院，无论是被告人、检察机关还是审判机关，均对两被告人犯罪事实的认定基本一致，争议焦点在于：二被告人的行为是普通意义上的强奸共同犯罪，还是构成轮奸情节？

一种观点认为，轮奸系情节加重犯，两名以上行为人只要基于共同的强奸故意，在同一段时间先后对同一被害人实施强奸行为的，就应当认定为轮奸。各行为人的强奸行为是否得逞，并不影响各行为人具有轮奸情节的认定。本案中，乙强奸得逞，甲没有实际实施奸淫行为，表面上本案的被害妇女没有连续遭到奸淫，但从法律根据上看，两人案发前经过了预谋，对共同强奸的故意策划非常明确，其主观恶性产生的社会危害是严重的，而且因预谋产生的轮奸故意，直接使两人共同实施强奸行为。甲虽只有提供房门钥匙、关闭监控录像、跟随进入二楼等行为，但主观上是为了实现与乙共同轮奸的犯罪目的，其行为的性质含义以及对社会构成的危害与一般意义上的强奸行为相比更为严重，同样需要运用情节加重的理念对其行为性质作出认定。故两人的行为均构成强奸罪，且符合轮奸情节。

另一种观点认为，轮奸是指二人以上在一较短时间内先后强奸同一妇女或幼女的行为。在现行《刑法》中，轮奸不是独立的罪名，而是作为强奸罪的加重情节规定在《刑法》第236条第3款第4项。从“轮奸”二字的字面含义而言，“轮奸”意为轮流奸淫，轮奸应当被理解为必要的复合奸淫行为，需要两人以上具有共同强行实施奸淫行为的故意和行为。成立轮奸，不仅要求行为人在主观上具有共同强奸的故意，在客观要件上还需要满足被害人在同一段时间内先后受到两名以上行为人的轮流奸淫这一条件。对于无论多少人企图参与强奸，只要仅一人在场并实施强奸行为，则不构成轮奸情节，而只是一般意义上的强奸共同犯罪。根据共同犯罪中“一人既遂，全体既遂”“部分实行，全部责任”的基本原理，只要共同行为人中有一人的犯罪行为导致犯罪所期待的法益侵害结果发生，犯罪就达到既遂状态，不仅既遂形态完成了的实行行为人，其余仅仅是提供帮助的行为人，或强奸行为未得逞、中止等实行行为人也需对此既遂结果负责。在此法律判断基础上，再根据各行为人在共同犯罪中地位和作用的大小，区别认定主犯和从犯。本案中，乙、甲经预谋轮流奸淫被害人丙，但只有乙一人进入被害人房间并强行将被害人奸淫，甲只是实施了提供被害人住宿信息、被害人房门钥匙等帮助行为，并未至强奸现场；也就是说，甲并未实施任何构成强奸实行行为，其只是为乙的强奸行为提供帮助，在两人的强奸共同犯罪中起到辅助作用。因此，乙、甲二人经事先预谋，违背妇女意志，采取暴力、胁迫手段强行与妇女发生性关系的行为，已构成强奸罪；其中，乙系主要实行犯，系主犯；甲在共同犯罪中起次要作用，系从犯。两人的共同犯罪行为系普通强奸共同犯罪，不构成轮奸这一加重情节。

三、理论探析

（一）强奸罪的概念、构成及共同犯罪形态

《刑法》第236条规定，强奸是以暴力、胁迫或者其他手段强奸妇女或者幼女的行为。

强奸罪的犯罪主体为年满14周岁且具备刑事责任能力的男性，可以为一名男性或者多名男性，但正犯只能由男性构成；女性不能构成强奸罪的实行犯，而只能以强奸罪的教唆犯、帮助犯或者间接正犯的身份出现。强奸罪的客观方面是指以暴力、胁迫或者其他手段违背妇女意志，强行与妇女发生性关系或者故意与不满14周岁的幼女发生性关系的行为。其构成包含手段行为与目的行为两个方面，即“暴力、胁迫或者其他手段”的手段行为与以侵犯妇女或幼女的性权益为目的的奸淫行为，二者构成强奸罪的完整实行行为，只要行为人以强奸目的着手实施“暴力、胁迫或者其他手段”的行为，即可认为行为人开始实施强奸罪的实行行为。

在多人实施强奸行为的场合，存在强奸罪的共同犯罪形式。《刑法》第25条规定，共同犯罪是指两人以上共同故意犯罪。根据通说观点，共同犯罪是2个以上行为人在共同犯意驱使下，进行分工协作、相互配合，共同实施了具有社会危害性的行为。传统刑法理论认为，构成共同犯罪必须具备如下三个条件：一是主体上必须有两个以上具有刑事责任能力的人；二是客观上必须具有共同的犯罪行为；三是主观上必须具有共同的犯罪故意。具体到强奸共同犯罪，是指两人以上基于共同强奸故意而予以分工配合、相互配合共同实施强奸行为的犯罪形态。显然，在这种犯罪形态中，包含着轮奸犯罪情节。

（二）轮奸的界定及要件特征

轮奸是强奸罪的加重情节之一，既是强奸犯罪的一种特殊表现形式，也是一种非常典型的共同犯罪。对此理论界与实务界并无争议。

《刑法》第236条第3款第4项规定，两人以上轮奸的，处10年以上有期徒刑、无期徒刑或者死刑。在我国《刑法》中，轮奸作为强奸罪的情节，从来不是一个罪名，即只有在强奸过程中具有轮奸情节的才构成情节加重犯，即轮奸行为人应当首先具备强奸罪的犯罪构成。轮奸也不是一种犯罪形态，不存在既遂、未遂的问题，只存在构成与否的情形。因此，对“轮奸”的正确理解就成为正确审查二人以上共同实施强奸行为的重中之重。结合刑法理论和司法实践，认定轮奸应当具备以下两个典型特征：

其一，轮奸的构成应以行为人有共同意思联络为主观要件。

轮奸是一种典型的共同犯罪，在共同犯罪中，“共同故意”是主观要件，即行为人对实施同一犯罪具有合意，并在这种共同合意的支配下对同一犯罪客体实施侵害行为。在轮奸犯罪中，实施轮奸的各行为人必须有共同的故意，并且行为人通过意思联络，基于共同奸淫被害人的故意对同一被害人实施强行奸淫行为。如果行为人之间没有共同轮奸的意思联络，则不构成《刑法》上的轮奸情节。

这里需要注意两点：第一，若各行为人之间没有意思联络或没有达成合意，那么即使行为人在同一时段内先后对同一被害人实施强奸行为，也不能认定为符合轮奸情节，只能按照各自的行为以强奸罪对其单独处罚。第二，在轮奸犯罪中，行为人的共同犯意是与其他行为人轮流对被害人实施强奸行为的合意，而不是仅仅教唆、帮助他人实施奸淫，或者在不知情、被利用情况下充当其他行为人实施奸淫行为的犯罪工具；在这些情况下，行为人可能构成普通强奸罪的行为人，并不必然导致适用轮奸情节。

其二，轮奸的构成应以二人以上实施奸淫行为为客观要件。

首先从语义上分析，轮奸应当是"轮流奸淫"的简略表述，侧重强调的是"奸淫"行为。只要两名或多名男子具有轮流奸淫同一妇女的共同故意，在一定时间内对一名妇女实施控制，并分别奸淫的，即使时间间隔较长，甚至不在同一地点实施奸淫的，都视为轮奸。

其次，从刑法教义学上分析，轮奸是一种典型的共同正犯。正犯又称实行犯，即直接实施实行行为的人；二人以上共同实行犯罪的，则为共同正犯。[①] 也就是说，共同正犯是指两人以上共同实施《刑法》分则所规定的犯罪构成客观方面行为的犯罪形态。共同正犯兼具正犯性与行为人性：其正犯性在于各正犯者所实施的都是基本犯罪构成客观方面的行为，与组织犯、教唆犯、帮助犯等狭义的行为人不同；行为人性体现在是复数行为人参与的犯罪形态，并不要求每一个行为人都完整地实施分则所规定的犯罪构成客观方面的行为，而可以通过分工配合与相互协作共同实现一个犯罪，

① 参见刘艳红：《共谋共同正犯论》，载《中国法学》2012年第6期。

具有与行为人共通的属性。① 在这种犯罪结构下,各行为人通过分工配合、密切合作,其行为共同指向共同犯罪目的并成为一个密不可分的整体,每个人的行为都对犯罪结果的发生产生一定的原因力,承担共同责任,即共同犯罪"部分实行,全部责任"原理,这是共同犯罪责任承担判定标准的基石。在轮奸行为中,各行为人之间相互配合,共同实施强行奸淫行为,并对被害人造成巨大身体伤害和心理创伤,即使亲手犯原理也不能割裂轮奸犯罪中行为人犯罪行为之间的关联性和整体性。

最后,从立法本意上理解,轮奸注重的是行为人共同造成被害人遭受侵害的客观事实,是一种现实存在。在我国《刑法》中,强奸罪是侵犯人身权利的犯罪,是对妇女拒绝和与之不具有婚姻关系的男子发生性交的权利和幼女身心健康权利的侵犯。妇女的性权利,主要是一种拒绝权,或者称贞操权,是女性自由处理自己性生活的权利。当两人以上轮流奸淫的情形出现,与一人奸淫相比,对女性的身心伤害更大,有着更为严重的社会危害性,因此在立法上,将轮奸行为作为强奸罪的加重处罚情节予以规定,是从保护被害人权益角度出发的。在轮奸犯罪中,被害人处于两名以上行为人的侵害之下,其反抗行为和逃离现场的能力都被严重削减,受到的侵害也更为严重,其心理所遭受的创伤也更具破坏力。因此,《刑法》对此类暴力犯罪予以最为严厉的打击,规定为"十年以上有期徒刑、无期徒刑或者死刑"。但是,若将"轮奸"扩大解释为共同强奸,显然与立法本意不符。在仅有一人在场并强行实施奸淫行为的共同犯罪中,被害人只是遭受一次侵犯,其所面临的现实的、潜在的危险与所承受的身心损害,都不同于二人以上的轮奸行为。但也不能将所有二人以上参与的行为均认定为轮奸,还应区分具体的客观事实,予以不同对待。

---

① 参见陈家林:《共同正犯研究》,武汉大学出版社2004年版,第35~38页。

(三)强奸共同犯罪与轮奸的联系与区别

如前所述,轮奸是一种典型的强奸共同犯罪形式,但共同强奸并不一定就是轮奸,即并非所有的强奸共同犯罪都要不加区分地适用轮奸这一加重情节。普通强奸共同犯罪与轮奸犯罪既有联系又有区别,其共同点是均符合《刑法》总论中规定的共同犯罪构成要件,具有共同故意与共同行为的主客观要件特征。轮奸是共同强奸的行为加重模式,二者是包容与被包容关系。

二者主要区别在于:第一,从犯罪主体来看,强奸罪的犯罪主体为年满14周岁具有刑事责任能力的男性。在强奸共同犯罪中,实行犯通常为男性;女性因其生理特征,只能实施暴力、胁迫等部分实行行为,系不纯正正犯,不能构成直接正犯(当然,女性也可以以间接正犯的方式独立构成强奸罪)。但在轮奸犯罪中,系两名以上行为人对被害人实施强奸行为,由于女性不能完成强奸的整体实行行为,因此,成立轮奸犯罪的主体需至少为两名以上男性。若只有一男一女共同实施强奸实行行为的情况下(女性实施部分实行行为),则只能成立普通强奸共同犯罪,而不能认定的轮奸情节。

第二,从客观行为上看,普通强奸共同犯罪只要求至少一个行为人实施了强奸行为,至于其他行为人是帮助行为、教唆行为还是组织行为,则是法律责任承担的问题,而非定性问题。轮奸行为的客观要件较普通共同犯罪的限定更为严格,不但要求有共同强奸的犯罪合意,还需两名以上行为人共同实行了对同一被害人强行奸淫的实行行为;不管其犯罪完成形态是既遂、未遂还是中止,但都需已着手实施。显然,轮奸犯罪不是数个强奸行为的简单相加,而是有其严格的要件特征,需要同时满足才能构成。

第三,还有一点区别是从立法本意分析,《刑法》之所以对轮奸行为加重处罚,显然是基于其相较于普通强奸罪、普通强奸共同犯罪更为严重的社会危害性,二名以上的行为人使被害人遭受了更为严重的身心伤害。客观而言,从被害人角度,在轮奸犯罪中,至少能感知两名以上行为人对其进行的犯罪行为;但普通强奸共同犯罪情形则不同,其他教唆、帮助、组织等狭义上的行为人则不一定必然在作案现场,只要具有相应的共同犯罪故意,实施了教唆、帮助或组织行为即可。

可见,区别普通强奸共同犯罪与轮奸共同犯罪的关键点在于:轮奸是基于强奸故意的轮流奸淫,因此,是否系两名以上行为人基于共同强奸的故意实施了强奸的实行行为,需同时具备共同强奸故意与共同实行行为,缺一不可。把握这一点,才有利于在纷繁冗杂的案件事实中抓住问题的关键,准确认定事实和适用法律。

四、争议焦点的回应

本案一审法院认为,甲、乙二人预谋轮流强行奸淫被害人丙,后乙违背丙的意志强行与其发生了性关系,两被告人的行为均构成强奸罪,且具有轮奸情节。根据本案具体情节和悔罪表现,以强奸罪分别判处乙有期徒刑10年、甲有期徒刑3年6个月。宣判后,乙提出上诉。二审法院以一审审理过程中存在违反法定程序为由,撤销原判,裁定发回重审。后经重审,维持原判。甲、乙不服,提出上诉。检察机关指派检察员出庭履行职务,认为原审判决适用轮奸情节系适用法律错误,导致量刑畸重,建议改判。二审法院驳回上诉,维持原判。判决发生法律效力后,乙及其近亲属不服,提出申诉;二审法院经复查驳回申诉,后乙及其近亲属又向省高级人民法法提出申诉。

本案可谓一波三折,其争议焦点在于:具有共同强奸故意,一人实施强奸行为(既遂),另一人未实施强奸行为也未到作案现场的行为如何认定?本文认为,对共同犯罪的认定应根据主客观相一致的原则,全面分析其犯罪主体、主观要件、犯罪客体以及客观要件,对轮奸情节的具体认定也应结合以上要件特征进行综合分析,不能单纯地客观或主观归罪。

轮奸加重情节系二人以上共同强奸的实行行为，也即必要的复合强奸行为，根据主客观相一致原则，需要两人以上具有共同强行实施奸淫行为的主观故意和客观行为，二者缺一不可。一方面，只有客观上有轮流奸淫行为，但没有主观上轮奸的故意，就不能认为轮奸成立。另一方面，成立轮奸，不仅要求行为人具有共同强奸的故意，而且要求被害人客观上遭受了两人以上轮流奸淫的结果。无论多少人企图参与强奸，只要仅一人在犯罪现场并对被害人强行实施奸淫行为，则不构成轮奸情节，而是构成普通强奸罪的共同犯罪。根据“部分实行，全部责任”原则，对行为人均要以具体实行犯的既遂状态认定犯罪形态。至于在共同犯罪中作用与地位大小，实行犯行为的社会危害性与主观恶性显然要重于帮助犯，再分别以主犯、从犯予以认定。

本案中，虽然乙、甲共同预谋对入住单身女子丙轮流强行发生性关系，甲在为乙提供被害人住宿信息、房间钥匙等帮助行为，并未进入作案现场，只是在楼下等候并询问相关情况；在乙的强行奸淫行为既遂后，得知被害人哭泣，甲随即放弃了进入作案现场实施强奸的意图。根据主客观相一致原则和轮奸情节系二人上共同强奸的实行行为之特征，二原审被告人的行为只是强奸共同犯罪，并不符合轮奸情节。在共同犯罪中，乙系强奸共同犯罪的实行犯，起主要作用，系主犯；甲在则对其提供较大帮助，在共同犯罪中起次要作用，系从犯。原审判决以强奸罪的轮奸加重情节对两人定罪量刑，确属适用法律不当。

最终，本案启动再审。再审法院经审理认为，乙、甲共谋强奸被害人，违背妇女意志，以暴力、胁迫手段强行与妇女发生性关系，其行为均已构成强奸罪，且系共同犯罪。其中，乙系强奸共同犯罪的实行犯，系主犯，依法应当对其全部犯罪行为承担刑事责任；甲在强奸共同犯罪行为中提供帮助较大帮助，在共同犯罪中起次要作用，系从犯，应减轻处罚。原审判决认定的事实清楚，定罪准确，审判程序合法,但适用《刑法》第236条第3款第4项错误,认定乙、甲具有轮奸情节不当,应予纠正。结合甲、乙二人其他量刑情节,再审法院撤销原审判决和二审裁定,分别改判乙有期徒刑4年3个月零6天(刑罚已经执行完毕);甲有期徒刑1年2个月(刑罚已经执行完毕)。

五、问题的反思

张明楷教授在《刑法格言的展开》一书中指出,西方法律思想史上有这样两个法谚:一个是罗马法格言"任何人不因思想受处罚",是说思想是自由的,国家不能对任何人的思想进行刑事处罚;另一个则是英国人用拉丁语所表述的法律格言"无犯意则无犯人",强调不能对不具有犯意的行为进行刑事处罚,如意外事件、精神错乱、年幼无知等均不能归责于行为人。这两个法谚深刻体现了一项基本的法律原则,即主客观相一致原则,既反对客观归罪,又禁止主观归罪。再审判决纠正了先前裁判的如下错误:一是未能区分普通强奸共同犯罪与轮奸情节的区别,认定轮奸情节系适用法律错误,导致量刑畸重。二是未能坚持主客观相一致原则。二审裁定认为行为人虽然未到作案现场,但"其主观的恶性产生的社会危害是严重的,而且因预谋产生的轮奸故意,直接使两人共同实施强奸行为",仅因其主观故意便将案件整体性质评价为轮奸,违背了主客观相一致原则。

另外不得不提的是,本案系一起未成年人与成年人共同犯罪案件。犯罪时,原审被告人甲才16周岁,与同案犯乙相比,无论在主观恶性、人身危险性、认罪悔罪等方面,其社会危害性都是较低的,而根据社会调查所显示的甲的犯罪原因,与其家庭背景、社会经历、心理发育不成熟(带有鲜明的未成年人易染性、辨识性不强等特点)、法律意识淡薄、交友不慎等特点,其具有较大的帮教挽救空间。认定轮奸情节,则依法应当判处10年以上有期徒刑、无期徒刑或者死刑,在对本案进行裁判时,更应对其事实认定和法律适用慎之又慎。一个罚当其罪的判决有助于树立司法威信、维护司法公正;相反,则可能造成对未成年罪犯的二次污染。二被告人在法院判决后,接连上诉、申诉,内心不服判。本案的整个审理过程将近5年,在基本上穷尽了刑事司法救济途径之后,最终得以改判。

最后需要指出的是,近年来最高人民法院多次发布案例指导,主要形成以下判例规则:第一,在定罪方面,对于未完成奸淫的行为人,根据“部分实行,全部责任”的共犯理论,认定为强奸罪既遂。“奸淫行为的不可替代性不能成为强奸共同犯罪中既遂与未遂得以并存的充足理由。”①第二,在量刑方面,由于部分行为人奸淫未得逞或者主动放弃了奸淫,同样适用“部分实行,全部责任”原理,只要各行为人以轮奸的故意实施奸淫,即使只有部分行为人奸淫得逞,均认定符合轮奸犯罪要件;对于未奸淫得逞或者放弃奸淫的,只能作为一种酌定量刑情节予以考虑。虽然目前对于轮奸犯罪中关于共同犯罪“部分实行,全部责任”这一原理的适用已形成以上判例指导,但我国并非判例法国家,而且在司法实践中,又出现了一种似乎有些“矫枉过正”的新倾向,即在多人参与强奸的场合,不再区分是否至少有两名以上的行为人在作案现场着手实施强奸的具体实行行为,如帮助按压、言语威胁、猥亵等,均一概认定为强奸共同犯罪,并适用轮奸这一加重情节。本案就是一个典型的例证。可见,司法实务界还是对此问题存在一些认知误区。普通强奸共同犯罪与轮奸犯罪的法定刑相差较大,如何统一对强奸共同犯罪与轮奸犯罪的认定规则,具有真切的现实意义,仍需理论与实务人士共同深入研究与探讨。

(责任编辑:祖延光)

① 金德文、邓红:《强奸罪共同犯罪中既遂与未遂的认定》,载《人民司法》2011年第12期。

【高层声音】

最高人民法院、最高人民检察院关于在部分地区开展刑事案件认罪认罚从宽制度试点工作情况的中期报告

——2017 年 12 月 23 日在第十二届全国人民代表大会常务委员会第三十一次会议上*

目　次

全国人民代表大会常务委员会：

根据本次会议安排，我代表最高人民法院，并受最高人民检察院委托，报告一年来刑事案件认罪认罚从宽制度试点工作情况，请审议。

开展刑事案件认罪认罚从宽制度试点，是落实党的十八届四

* 最高人民法院院长周强同志代表最高人民法院、最高人民检察院向全国人大常委会作专项报告。

中全会有关改革部署的重大举措，是推动宽严相济刑事政策具体化、制度化的重要探索，对完善刑事诉讼制度、优化司法资源配置、依法及时有效惩罚犯罪、加强人权司法保障具有重要意义。2016年7月，习近平总书记主持召开中央全面深化改革领导小组第二十六次会议，审议通过《关于认罪认罚从宽制度改革试点方案》（以下简称《试点方案》），为认罪认罚从宽制度改革试点指明了方向。2016年9月，第十二届全国人大常委会第二十二次会议通过《关于授权最高人民法院、最高人民检察院在部分地区开展刑事案件认罪认罚从宽制度试点工作的决定》（以下简称《授权决定》），授权在北京等18个地区开展刑事案件认罪认罚从宽制度试点。根据《试点方案》和《授权决定》，最高人民法院、最高人民检察院反复研究论证，会同公安部、国家安全部、司法部于2016年11月印发《关于在部分地区开展刑事案件认罪认罚从宽制度试点工作的办法》（以下简称《试点办法》），正式启动试点工作。一年来，在以习近平同志为核心的党中央坚强领导下，在全国人大及其常委会有力监督下，最高人民法院、最高人民检察院指导各试点地区人民法院、人民检察院，积极探索完善认罪认罚从宽制度，推进简案快办、难案精办、宽严得当，对犯罪嫌疑人、被告人自愿如实供述自己的罪行，对指控的犯罪事实没有异议，同意量刑建议并签署具结书的，依法从宽处理，推动试点工作稳步开展，并取得阶段性成效。

一、试点工作开展情况

最高人民法院、最高人民检察院高度重视刑事案件认罪认罚从宽制度试点工作，大力加强对试点工作的组织领导和统筹协调，多次就扎实推进试点、完善制度机制、确保公正高效等作出部署。召开动员部署会和中期推进会，组织专题培训，建立专项统计、专项联络和专报制度，密切跟踪试点进展情况，深入实地开展调研指导和监督检查，确保将试点工作各项要求落到实处。公安部、国家安全部、司法部也专门下发通知,并出台配套规定,形成了推动改革的强大合力。及时研究解决试点中出现的量刑建议形式、值班律师制度等新情况、新问题,加强政策解读,促进改革深入发展。坚持宽严相济、罪责刑相适应和证据裁判等原则,明确认罪认罚从宽制度的适用范围、适用条件及程序标准,坚决防止出现"重罪轻判""花钱买刑"问题。指导试点法院、检察院将工作重点放在判处三年有期徒刑以下刑罚的案件以及民间矛盾激化引发的案件上,着力探索与之相适应的诉讼程序、处理机制和办案方式,确保改革精准发力、取得实效。各试点地区认真落实中央决策部署,按照《试点办法》的要求,制定实施细则,细化操作规程,强化配套保障,为开展试点工作打下了良好基础。截至2017年11月底,18个试点地区共确定试点法院、检察院各281个,适用认罪认罚从宽制度审结刑事案件91 121件103 496人,占试点法院同期审结刑事案件的45%。其中检察机关建议适用的占98.4%。

一是严格依法推进,确保认罪认罚从宽制度规范适用。严格遵循刑法、刑事诉讼法基本原则,以罪责刑相适应原则为标准,以宽严相济刑事政策为指引,对认罪认罚的犯罪嫌疑人、被告人依法从宽、从简、从快处理。实体处理上体现宽严相济刑事政策,推动坦白从宽制度化。厦门、济南等地探索阶梯式从宽量刑机制,杭州、广州等地实行分级量刑激励,根据被告人罪行轻重、认罪态度、悔罪表现、退赃赔偿等情况,区分诉讼阶段和审判程序,确定是否从宽以及具体幅度。程序处理上落实繁简分流,准确适用速裁程序、简易程序、普通程序。北京、南京、郑州、天津等地设置专门办案组织,探索"刑拘直诉",在拘留期限内完成侦查、起诉、审判,并实行集中移送、集中起诉、集中审理,促进侦、诉、审环节快速流转、无缝对接、全程简化。加强羁押必要性审查,将认罪认罚作为判断犯罪嫌疑人、被告人社会危险性的重要考虑因素,对没有社会危险性的采取取保候审、监视居住强制措施,提高非羁押强制措施适用率。

二是强化权利保障，确保认罪认罚真实自愿。坚持证据裁判，强化权利保障，确保从快不降低标准、从简不减损权利。充分保障犯罪嫌疑人、被告人的辩护权和其他诉讼权利，落实值班律师制度，完善权利告知程序，探索证据展示制度，确保犯罪嫌疑人、被告人充分知悉法律后果、获得法律帮助、自愿认罪认罚。试点地区法律援助机构在看守所、法院、检察院设立法律援助工作站630个，其中设在看守所、法院的法律援助工作站覆盖率分别为97%和82%。对于符合条件的犯罪嫌疑人、被告人，依法通知法律援助机构指派律师为其提供辩护。探索值班律师转任辩护人机制，北京、广州、杭州、福州等地法院对可能判处三年有期徒刑以上刑罚的认罪认罚案件，协调指派值班律师出庭辩护，提高法律帮助质量。建立被告人反悔程序回转机制，判决前否认犯罪的及时转为普通程序。推进庭审实质化，既审查认罪认罚的自愿性，又对事实证据进行全面审查，防止犯罪嫌疑人、被告人被迫认罪、替人顶罪。

三是加强监督制约，确保试点运行平稳有序。坚持以审判为中心，严格规范侦查阶段撤销案件和审查起诉阶段不起诉程序，同时明确规定人民法院对认罪认罚案件作出判决时，一般应当采纳人民检察院指控的罪名和量刑建议。严密防范刑讯逼供、暴力取证以及权钱交易、放纵罪犯等滥用职权、徇私枉法行为。加强法律文书释法说理，加大案件流程公开和文书网上公开力度，以阳光司法确保公正司法。主动接受监督，认真听取律师意见，确保具结书签署时律师在场见证。依法听取被害人意见，关注其合理诉求。上海、青岛等地邀请值班律师旁听检察官提讯，福州等地推行诉前听证制度，集中听取各方意见。

四是完善配套保障，确保改革措施落实到位。统一、简化文书样式，研发信息化办案模块，制定类案量刑标准，探索智能辅助量刑系统，完善量刑建议机制，提升量刑建议和刑罚裁量水平。积极运用现代科技，助推办案模式创新，杭州、广州、大连等地探索视频提讯开庭、智能庭审记录、短信快速送达、电子卷宗流转，有效提升办案效率。推动建立社会调查前置程序，对可能判处管制、适用缓刑的案件，由检察机关委托社区矫正机构开展社会调查工作，为案件快办快结创造条件。各地社区矫正机构认真做好接收矫正工作，促进审判执行顺畅对接。

二、试点工作初步成效及存在的问题

经过一年的试点探索，认罪认罚从宽制度实施效果逐步显现。各试点法院、检察院通过推动认罪认罚从宽制度改革，办理刑事案件的质量与效率显著提高，在落实宽严相济刑事政策，确保无罪的人不受刑事追究、有罪的人受到公正惩罚，维护当事人合法权益，促进司法公正等方面，均取得显著成效。2017年10月，中国政法大学课题组对试点情况进行第三方评估，共有1516名律师、被告人、办案人员参加问卷调查，对试点效果总体评价较高，其中律师满意度为97.3%，被告人满意度为94.3%。实践充分证明，探索完善认罪认罚从宽制度，完善相关诉讼程序和处罚原则，构建宽严相济、区别对待、繁简分流的多层次刑事诉讼模式，符合我国国情，符合司法规律，有利于在更高层次上实现公正与效率的统一，有利于全面推进依法治国、促进国家治理体系和治理能力现代化，党中央关于推进认罪认罚从宽制度改革的决策部署和全国人大常委会的授权决定是完全正确的。

一是宽严相济刑事政策得到充分体现，促进了社会和谐稳定。试点中，检察机关对认罪认罚案件依法提出从宽量刑建议，其中建议量刑幅度的占70.6%，建议确定刑期的占29.4%，法院对量刑建议的采纳率为92.1%。认罪认罚案件犯罪嫌疑人、被告人被取保候审、监视居住的占42.2%，不起诉处理的占4.5%；免予刑事处罚的占0.3%，判处三年有期徒刑以下刑罚的占96.2%，其中判处有期徒刑缓刑、拘役缓刑的占33.6%，判处管制、单处附加刑的占2.7%，非羁押强制措施和非监禁刑适用比例进一步提高。从实体处理到程序适用，均更好体现了坦白从宽、宽严相济刑事政策，有利于罪犯改造、回归社会，最大限度地减少社会对立面，促进社会和谐稳定和国家长治久安。

二是司法资源得到合理配置，促进了刑事诉讼效率明显提升。对于认罪认罚案件，检察机关审查起诉平均用时26天，人民法院15日内审结的占83.5%。适用速裁程序审结的占68.5%，适用简易程序审结的占24.9%，适用普通程序审结的占6.6%；当庭宣判率为79.8%，其中速裁案件当庭宣判率达93.8%。通过速裁程序、简易程序、普通程序分流处理，司法资源配置进一步优化，办案效率进一步提升，既确保了及时有效惩治犯罪，也为构建科学的刑事诉讼体系积累了实践经验。

三是当事人权利得到有效保障，促进了司法公正。坚持依法从宽、适度从宽，不枉不纵、公正司法，确保办案法律效果和社会效果相统一。强化犯罪嫌疑人、被告人的诉讼主体地位，保障其获得公正、及时审判的权利。认真听取被害人及其代理人意见，并将是否达成和解协议或者赔偿被害人损失、取得谅解，作为量刑的重要考虑因素，切实保障被害人合法权益。试点法院审结的侵犯公民人身权利案件中，达成和解谅解的占39.6%。检察机关抗诉率、附带民事诉讼原告人上诉率均不到0.1%，被告人上诉率仅为3.6%。

在看到成绩的同时，我们也清醒认识到，认罪认罚从宽制度试点工作还存在一些问题和困难。一是有的试点地区思想认识不够到位，对改革的意义、改革的内容、改革的要求认识不清、领会不透，如将"认罚"与赔偿被害人经济损失简单等同起来，或将"从宽"绝对化、简单化，对案件具体情节区分不够；二是试点工作整体推进不够平衡，有的地区试点案件数量偏少、比例偏低，试点案件类型和适用程序过于集中，对普通程序中的适用问题探索不够；

三是一些环节协调配合还不够顺畅,办案规程、工作机制尚需进一步完善;等等。

三、下一步工作措施

刑事案件认罪认罚从宽制度试点,是党中央在刑事司法领域部署开展的一项重大改革。最高人民法院、最高人民检察院将在以习近平同志为核心的党中央坚强领导下,在全国人大及其常委会有力监督下,按照《试点方案》和《授权决定》的要求,努力解决试点工作中存在的问题,进一步加大督察指导力度,确保改革试点圆满完成。

一是进一步提高认识。深入学习贯彻党的十九大精神,坚持以习近平新时代中国特色社会主义思想为指导,加大政策解读和宣传力度,指导试点法院、检察院进一步统一思想、提高认识,深刻理解中央推动认罪认罚从宽制度改革的重大意义,准确把握改革的正确方向、目标任务、基本原则以及“认罪”“认罚”“从宽”的具体标准,切实增强改革试点的责任感、使命感,敢于担当、攻坚克难,坚定不移推进试点工作,确保将中央改革部署不折不扣落到实处。

二是进一步加强改革督察。进一步加强对认罪认罚从宽制度试点中法官、检察官自由裁量权的依法监督,坚决防止发生徇私枉法、滥用职权等违法情形,确保公正廉洁司法。坚持统筹推进试点工作,密切关注各地试点开展情况,加强跟踪问效,切实研究解决试点工作推进不平衡等问题。注重调动基层积极性,指导各试点法院、检察院在法律规定和《试点方案》《授权决定》范围内,勇于创新、大胆尝试,努力探索积累可复制、可推广的改革经验。

三是进一步完善制度机制。认真贯彻宽严相济刑事政策,针对案件不同特点,综合考虑案件难易、刑罚轻重、诉讼阶段等因素,从审前分流、庭审规程、法律帮助、办案流程等方面,探索不同的程序规范机制,推动认罪认罚案件分流规范化。正确处理检察机关量刑建议与人民法院刑罚裁量的关系,探索完善认罪认罚案件的量刑标准,为检察机关更准确提出量刑建议、法院更准确裁量刑罚创造条件。正确处理赔偿和解与从宽处罚的关系,坚持具体问题具体分析,避免将赔偿与从宽完全等同起来。

四是进一步提升试点实效。加强沟通协调,充分调动试点参与各方积极性,在证据把握、法律适用、工作衔接等方面凝聚更多共识,合力破解改革难题。加快推进智慧法院、智慧检务建设,加强大数据、云计算、人工智能与改革试点的深度融合、深度应用,不断完善智能辅助办案系统,提升审判、检察质效。以此次中期报告为契机,认真做好试点工作的情况分析和经验梳理,准确评估试点成效,客观分析存在的问题,加强理论和实证研究,及时研究提出完善法律的建议,切实巩固改革成果。

委员长、各位副委员长、秘书长、各位委员,全国人大常委会专门听取和审议刑事案件认罪认罚从宽制度试点工作情况中期报告,充分体现了对试点工作的高度重视和关心支持。我们要在以习近平同志为核心的党中央坚强领导下,在全国人大及其常委会有力监督下,深入学习贯彻党的十九大精神,坚持以习近平新时代中国特色社会主义思想为指导,进一步贯彻落实《试点方案》和《授权决定》要求,认真落实本次会议审议意见,开拓进取,扎实工作,不断深化刑事案件认罪认罚从宽制度改革,确保试点工作取得良好成效,努力让人民群众在每一个司法案件中感受到公平正义,为建设中国特色社会主义法治体系、建设社会主义法治国家做出新的更大贡献!

图书在版编目（CIP）数据

刑事司法指南. 2017年. 第4集 : 总第72集 / 陈国庆主编. -- 北京 : 法律出版社, 2017.8

ISBN 978-7-5197-1254-9

Ⅰ. ①刑… Ⅱ. ①陈… Ⅲ. ①刑法－研究－中国②刑事诉讼法－研究－中国 Ⅳ. ①D924.04②D925.204

中国版本图书馆CIP数据核字（2017）第207032号

刑事司法指南. 2017年. 第4集：总第72集
XINGSHI SIFA ZHINAN. 2017 NIAN. DI–4 JI: ZONG DI–72 JI

陈国庆 主编

策划编辑 戴 伟
责任编辑 李 群 林 蕊
装帧设计 李 瞻

出版 法律出版社
总发行 中国法律图书有限公司
经销 新华书店
印刷 三河市龙大印装有限公司
责任校对 郭艳萍
责任印制 胡晓雅

编辑统筹 法律应用·大众读物出版第一分社
开本 A5
印张 7.5
字数 175千
版本 2018年6月第1版
印次 2018年6月第1次印刷

法律出版社 / 北京市丰台区莲花池西里7号（100073）
网址 / www.lawpress.com.cn
投稿邮箱 / info@lawpress.com.cn
举报维权邮箱 / jbwq@lawpress.com.cn
销售热线 / 010-63939792
咨询电话 / 010-63939796

中国法律图书有限公司 / 北京市丰台区莲花池西里7号（100073）
全国各地中法图分、子公司销售电话：
统一销售客服 / 400-660-6393
第一法律书店 / 010-63939781/9782 西安分公司 / 029-85330678 重庆分公司 / 023-67453036
上海分公司 / 021-62071639/1636 深圳分公司 / 0755-83072995

书号：ISBN 978-7-5197-1254-9 **定价：**24.00元